글 리즈 레예스

원예가, 연설가, 그리고 교육자다. 필리핀에서 어린 시절을 보내다 7살 때 북서태평양으로 이주했다. 미국에 도착하자마자, 새롭고 신기한 꽃들의 이름을 배웠고 미국 워싱턴대학교에서 원예에 대한 관심과 사랑을 키웠다.

그림 사라 보카치니 메도스

뉴욕 브루클린에서 디자이너, 일러스트레이터, 그리고 예술가로서 다양하게 활동 중이다. 수채화를 비롯해 아라비아고무가 섞인 수채 물감인 과슈를 사용하여 독특한 그림을 그린다. 오랫동안 기후 행동과 여성의 권리를 지지해 왔으며, 자신의 예술을 통해 그 변화를 만들고자 노력 중이다. 그린 책으로는 《지금 우리가 할 수 있는 일》 등이 있다.

옮김 조은영

어려운 과학책은 쉽게, 쉬운 과학책은 재미있게 옮기려는 번역가다. 서울대학교 생물학과를 졸업하고, 서울대학교 천연물과학대학원과 미국 조지아대학교 식물학과에서 공부했다. 《다른 몸들을 위한 디자인》, 《우주의 바다로 간다면》, 《새들의 방식》, 《암컷들》, 《이토록 멋진 곤충》, 《10퍼센트 인간》, 《뛰는 사람》, 《생명의 태피스트리》, 《코드 브레이커》 등 많은 책을 우리나라 말로 옮겼다.

피카 지식 그림책 01

Grow 그로우

1판 1쇄 발행 2023년 6월 20일 | **1판 3쇄 발행** 2025년 4월 20일

글 리즈 레예스 | 그림 사라 보카치니 메도스 | 옮김 조은영
펴낸이 김봉기 | **출판총괄** 임형준 | **편집** 김민정, 안진숙 | **디자인** 스튜디오 글리 | **마케팅** 선민영, 임정재, 조혜연
펴낸곳 FIKA JUNIOR(피카주니어) | **주소** 서울시 서초구 서초대로77길 55 9층
전화 02-3476-6656 | **팩스** 02-6203-0551 | **홈페이지** https://fikabook.io | **이메일** junior@fikabook.io
등록 2020년 9월 28일 (제 2020-000281호)

ISBN 979-11-92869-06-3 (77480)

Grow © 2022 Magic Cat Publishing Ltd
Text © 2022 Riz Reyes
Illustrations © 2022 Sara Boccaccini Meadows
First Published in 2022 by Magic Cat Publishing Ltd
Korean translation copyright © 2023 FIKA
Korean translation rights arranged with Magic Cat Publishing Ltd through LENA AGENCY, Seoul, Korea.
All rights reserved.

이 책은 레나 에이전시를 통한 저작권자와 독점계약으로, 한국어판 저작권은 "FIKA"에 있습니다.
저작권법에 의해 한국 내에서 보호를 받는 저작물이므로 무단 전재 및 복제를 금합니다.

- 책값은 뒤표지에 있습니다.
- 파본은 구입하신 서점에서 교환해 드립니다.
- 이 책은 저작권법에 의하여 보호를 받는 저작물이므로 무단 전재와 복제를 금합니다.
- 제조국 대한민국 | 사용연령 4세 이상
- 주의사항 종이에 손이 모서리에 다치지 않도록 주의하세요.

> 피카 출판사는 독자 여러분의 아이디어와 원고 투고를 기다리고 있습니다.
> 책으로 펴내고 싶은 아이디어나 원고가 있으신 분은 이메일 junior@fikabook.io로 보내주세요.

리즈 레예스 글   사라 보카치니 메도스 그림   조은영 옮김

그로우

Fika
Junior

벗 아우디, 그리고 조카들에게 이 책을 바칩니다. - 리즈 레예스
내 작은 해바라기, 자이아에게 - 사라 보카치니 메도스

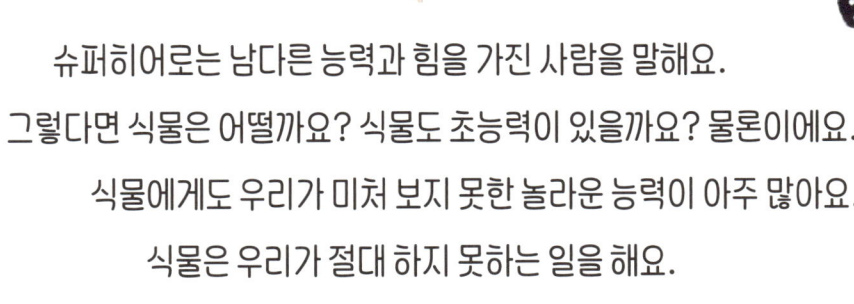

슈퍼히어로는 남다른 능력과 힘을 가진 사람을 말해요.
그렇다면 식물은 어떨까요? 식물도 초능력이 있을까요? 물론이에요.
식물에게도 우리가 미처 보지 못한 놀라운 능력이 아주 많아요.
식물은 우리가 절대 하지 못하는 일을 해요.
우리가 이렇게 살 수 있는 건 모두 식물이 있기 때문이에요.

저는 어려서부터 식물을 제 슈퍼히어로라고 생각했어요. 어려움이 닥쳐도 싸워서 이기고,
아주 영리한 방식으로 환경에 적응해 살아가거든요. 그러면서 우리에게 삶의 귀중한 교훈을
가르쳐 주지요. 식물은 우리 주위에 살면서 필요할 때마다 먹을 것과 살 곳, 그리고 약을 줘요.
꼭 마법을 부리는 것처럼요.

지금부터 우리 주위의 식물 슈퍼히어로를 소개할 거예요.
각자 자기만의 특별한 능력으로 우리를 먹여 살리고 전 세계에서 문화를 형성하지요.
이 책에는 야생종에서 재배종까지 많은 꽃과 나무, 과일과 채소가 나와요.
이 책을 읽으면서 여러분은 식물과 식물이 하는 중요한 일에 대해 더 잘 알게 될 거예요.

이 책에는 식물을 심고 키우는 방법도 나와 있어요. 여러분도 직접 식물을 기르고 가꾸어 보세요.
책으로만 읽었을 때보다 훨씬 더 많이 배우게 될 테니까요.
이 책을 쓰면서 스스로 얼마나 모르는 것도 많고 알고 싶은 것도 많은지 알게 됐답니다.
저는 이 책을 읽은 어린이들이 자기만의 식물 슈퍼히어로를 찾았으면 좋겠어요.
그리고 어른들도 우리를 둘러싼 자연 세계의 슈퍼히어로들에게 진심으로 고마워하게 되길 바랍니다.

- 리즈 레예스

차 례

8 → **박하(민트)**
꿀풀과
아로마와 치유의 식물

12 → **상추**
국화과
종류와 용도가 다양한 식물

16 → **버섯**
균계
소통과 공동체의 생물

20 → **수선화**
수선화과
소생과 부활의 식물

24 → **파인애플**
파인애플과
맛과 우정의 식물

28 → **토마토**
가짓과
생산력과 꽃가루받이의 식물

32 → **사과**
장미과
역사와 전통의 식물

36 → **케일**
배춧과
비타민과 활력의 식물

40 → **당근**
미나릿과
색깔과 요리의 식물

44 → **알로에 베라**
다육식물
자원과 회복력의 식물

48 → **차**
차나뭇과
건강과 환영의 식물

52 → **단풍나무**
무환자나뭇과
인내와 힘의 식물

56 → **대나무**
볏과
쓸모와 필요의 식물

60 → **호박**
박과
지켜 주고 벗이 되는 식물

64 → **난초**
난초과
예술과 재주의 식물

68 → **낱말 풀이, 식물의 분류**
69 → **찾아보기**

박하(민트)

아로마와 치유의 식물

박하는 사람들이
아주 좋아하는
허브예요.
잠이 잘 오지 않거나
마음이 불안할 때,
스트레스가
심하거나
배가 아플 때
박하가 도움이 되거든요.

페퍼민트
Mentha × piperita

치유의 힘이 있는 식물답게 박하는 튼튼하고 추위에 잘 견뎌요. 크게 신경 쓰지 않아도 잘 자라서 정원 가득 시원한 향기를 퍼트린답니다.

박하는 여러해살이 식물이에요. 매년 봄에 다시 돌아온다는 뜻이지요.

잎

박하잎은 서로 마주 보고 나요.

박하잎은 냄새를 맡거나 먹어도 돼요.

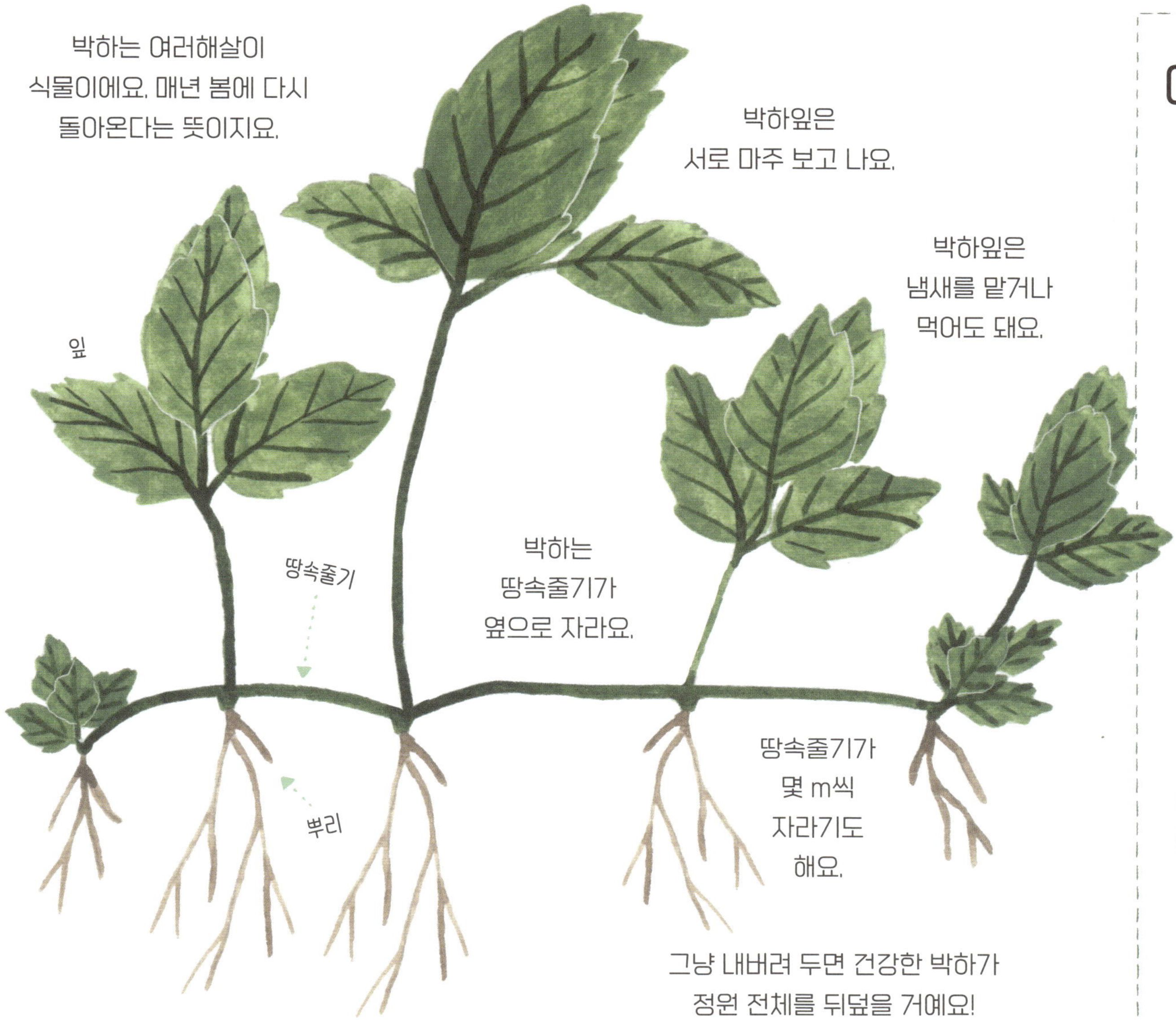

땅속줄기

박하는 땅속줄기가 옆으로 자라요.

뿌리

땅속줄기가 몇 m씩 자라기도 해요.

그냥 내버려 두면 건강한 박하가 정원 전체를 뒤덮을 거예요!

에센셜 오일

박하는 에센셜 오일을 만들 때 많이 사용해요.

근육의 통증을 낫게 해 준다고 알려졌어요.

독특한 향과 맛

스피어민트와 페퍼민트는 일상에서 쉽게 볼 수 있는 박하속 식물이에요. 향과 치유의 식물답게, 맛이 고약한 약에 자주 사용되지요.

스피어민트는 샐러드, 소스, 껌을 만들 때 사용해요.

멘톨 성분이 1%도 안 되어 향이 부드러워요.

페퍼민트는 차와 박하사탕에 쓰이는 훌륭한 재료예요.

멘톨 성분이 40%나 들어 있어서 알싸한 향이 훨씬 강하지요.

꿀풀과를 소개합니다

박하는 꿀풀과 식물이에요. 바질, 로즈메리, 세이지 같은 허브, 그리고 라벤더와 깨꽃처럼 일상에서 쉽게 볼 수 있는 식물이 모두 꿀풀과예요.

배암차즈기속(샐비어)
배암차즈기속 식물은 꽃이 예쁘고 잎에서 향긋한 향이 나서 사람들이 좋아해요.

샐비어
Salvia

향기 나는 잎

꿀풀과 식물은 잎에서 짙은 향이 나서 금방 알 수 있어요. 줄기 모양은 둥글지 않고 사각형으로 각이 졌답니다.

바질
Ocimum basilicum

바질
이탈리아 음식에 주로 들어가는 허브예요.

로즈메리
Salvia rosmarinus

세이지
Salvia officinalis

라벤더
아주 기분 좋은 냄새가 나요. 비누나 향수에 많이 쓰이지요.

세이지
사향✦ 냄새가 나요. 소시지를 만들 때 사용돼요.

✦ 사향노루의 사향샘을 건조시켜 만든 향료

라벤더
Lavandula

로즈메리
감자를 구울 때 로즈메리의 바늘 같은 잎을 넣으면 향이 풍부해져요.

역사 속 박하 이야기

박하는 전 세계에서 자라요. 특히 고대 유럽과 아랍 문화에서 다양하게 쓰였어요.

고대 그리스인은 몸에서 좋은 냄새가 나게 하려고 박하잎을 팔에 문질렀어요.

물을 끓이면 병균이 죽어서 안전하게 마실 수 있어요. 여기에 박하잎을 넣으면 맛까지 좋아지니 금상첨화 아니겠어요?

박하는 '민트'라고도 불려요. 민트는 그리스 신화에 등장하는 님프 '민테'에서 유래했어요. 민테는 여신의 화를 돋우어 식물로 변해 버렸어요.

고대 로마인들은 목욕물이나 음식에 박하를 사용해 향기와 맛을 더했어요.

지난 수백 년 동안 북아프리카와 중동에서는 손님에게 신선한 박하차를 대접했어요.

박하를 길러 봐요 →

박하를 기르는 건 쉬워요! 주위에 박하를 키우는 사람이 있으면 부탁해서 조금만 얻어 보세요.

- 박하를 기르는 제일 간단한 방법은 배양토에 어린 박하를 심고 햇빛과 물을 충분히 먹으며 자라게 두는 거예요. 그럼, 끝!

- 또 다른 방법은 건강한 박하의 줄기를 10cm 정도 자른 다음, 아래쪽 잎을 떼어 내고 나머지를 물이 든 병에 꽂아 두는 거예요. 줄기 아랫부분에서 뿌리가 자라면 화분에 옮겨 심어요. 그럼, 끝!

- 박하가 한창 새로운 잎을 만들 때, 식물의 꼭대기 부분을 조금씩 뜯어서 사용해요. 그 자리에서 새잎이 더 무성하게 자랄 거예요.

상추

종류와 용도가 다양한 식물

상추는 종류가 아주아주 다양해요.

대부분 잎을 먹지만 줄기를 먹는 상추도 있어요.

상추
Lactuca sativa

상추는 다양성의 상징답게 모양이 모두 제각각이에요.
잎상추, 로메인상추, 버터헤드상추, 줄기상추, 결구상추(양상추) 등이 있어요.

로메인상추는 '코스상추'라고도 해요. 종류가 아주 많아요.

로메인상추는 다른 상추보다 더운 환경에서 키울 수 있어요.

로메인상추는 잎의 아래쪽에 단단한 중륵*이 있어요.

이 중륵 덕분에 잎이 수직으로 자랄 수 있지요.

잎
줄기
뿌리
중륵

'코스상추'라는 이름은 그리스의 섬 '코스(Kos)', 또는 '상추'라는 뜻의 아랍어 '쿠스(khus)'에서 유래했다고 해요.

상춧잎의 색깔

적상추 같은 상추에는 색소가 들어 있어서 잎이 붉은색이나 보라색이에요.

잎 가장자리가 쭈글쭈글하게 주름진 상추도 있어요.

지구 밖에서도 길러 먹는 상추

상추는 맨 처음 우주에서 길러 먹은 채소예요. 이제 우주비행사들도 비타민과 무기질이 풍부한 채소를 신선하게 즐길 수 있게 됐어요.

✦ 잎의 한가운데를 가르는 굵은 잎맥

국화과를 소개합니다

상추는 국화과 식물이에요.
상추의 친척에는 데이지, 국화, 해바라기처럼
꽃이 아름다운 식물도 있고, 아티초크나 쑥갓,
우엉 같은 채소도 있어요.

아티초크
다 피지 않은
꽃봉오리를
먹을 수 있어요.

아티초크
Cynara scolymus

민들레
민들레 씨앗은 바람에
멀리 날아가요. 잎은 먹을 수 있어요.
어떻게 보면 민들레잎이
상추처럼 보이기도 해요.

국화속
Chrysanthemum

국화속
향이 좋고 꽃이 오래도록
시들지 않아서 꽃꽂이에 많이 쓰여요.

서양민들레
Taraxacum offcinale

해바라기
Helianthus annuus

해바라기
해바라기꽃은 태양을
따라 고개를 돌려요.
꽃 한 송이가 수백 개의
씨앗을 만들지요.
해바라기씨는 먹을 수 있어요.

데이지
Bellis perennis

데이지
한 송이처럼
보이지만 사실은
여러 개의 낱꽃이
모인 꽃이에요.

상추를 키워 봐요 →

상추는 키우기 어렵지 않아요.
단, 시원하게 해 주는 게 중요해요.

- 날이 너무 일찍 더워지면 상추에서
  꽃대가 올라와요. 그건 곧 식물이
  꽃을 피우고 씨앗이 맺힐 거라는 뜻이에요.
  그렇게 되면 상춧잎에서 쓴맛이 나요.

- 이른 봄에 땅이나 화분에 상추씨를
  뿌리고 싹이 나기 시작할 때까지
  흙을 축축하게 해 줘요.

- 새싹이 너무 가깝게 붙어 자라면
  일부는 뽑아내요. 그럼 남은 새싹이
  엽구(잎이 둥글게 겹쳐 나는 부위)를
  잘 만들 거예요. 뽑아낸 새싹은
  먹을 수 있으니 일거양득이지요.

- 때를 달리하여 여러 품종의 상추를
  심으면 거의 1년 내내 상추를
  먹을 수 있어요.

역사 속 상추 이야기

맨 처음 상추를 기른 건 고대 이집트인이에요. 상추의 씨앗으로 기름을 짰대요.

고대 그리스에서 상추는 약초로 쓰였어요.

옛날에는 배로 멀리 상추를 운반하기가 어려웠어요. 그래서 상추가 나는 지역에서 제철에만 먹을 수 있었지요. 하지만 운송 기술이 발달하고 품종이 개량되면서 상추를 싱싱하게 먼 곳으로 보낼 수 있게 됐어요. 수경재배(흙이 아닌 물에서 식물을 키우는 방식) 덕분에 상추를 1년 내내 키울 수 있지요. 어떤 농장에서는 공간을 아끼려고 상추를 층층이 높이 키워요.

로마인은 상추를 즐겨 먹었어요. 그래서 '로메인'이라는 상추 품종이 나왔지요.

'상추(lettuce)'라는 단어는 상추의 로마식 이름인 '락투카(lactuca)'에서 유래했어요.

라틴어로 '락투카'는 '우유'라는 뜻이에요. 상추를 꺾을 때 나오는 흰색의 유즙을 가리키는 말이에요.

다음에 상추는 아시아로 갔어요. 아시아인은 잎보다 줄기를 더 좋아해 줄기상추 같은 품종이 개발됐어요.

새로운 상추 품종이 나타나기 시작했어요. 15세기에는 아메리카 대륙에도 상추가 소개됐어요.

버섯

소통과 공동체의 생물

버섯은 식물이 아니라 곰팡이의 일종이에요.

버섯은 식물과 가까이 지내며 자연 속에서 하나로 연결된 커다란 소통망을 만들어요.

양송이
Agaricus bisporus

버섯은 공동체를 만드는 생물이에요. 버섯의 균사는 땅속과 땅 위를 뿌리처럼 기어 다니며 물질을 분해해 흙을 만들어요. 균사체는 식물과 식물을 연결해 서로 소통하고 물과 영양분을 쉽게 얻도록 돕는답니다.

양송이는 둥근 모자 모양의 갓과 갓을 받치는 기둥인 자루가 있어요.

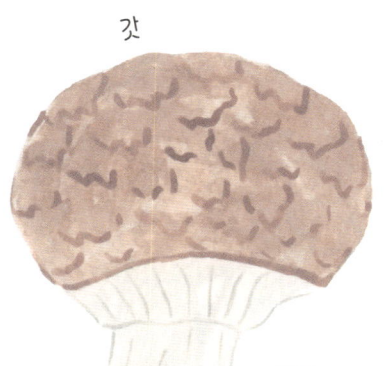

갓

자루

우리가 보는 버섯은 자실체라는 부분이에요.

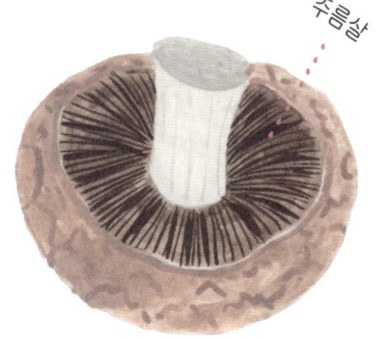

주름살

버섯의 갓 안쪽에는 종이처럼 얇은 주름살이 있어요.

친구 만들기

버섯은 모두 균류에 속해요. 그리고 많은 버섯이 균근균이지요. 균근균은 식물의 뿌리와 관계를 맺고 사는 균류예요. 식물의 뿌리를 둘러싸고 살면서 토양에서 영양분을 추출해 식물에게 줘요. 그 대가로 식물은 균근균에게 당분 같은 중요한 식량을 주지요.

버섯의 자실체가 땅을 뚫고 올라와요.

자실체

자실체에서 포자를 내보내요.

균사체

포자가 공기 중에 떠다니다가 새로운 땅에 내려앉아요.

포자가 발아하여 땅속에서 균사체를 만들고 새로운 버섯으로 자라요.

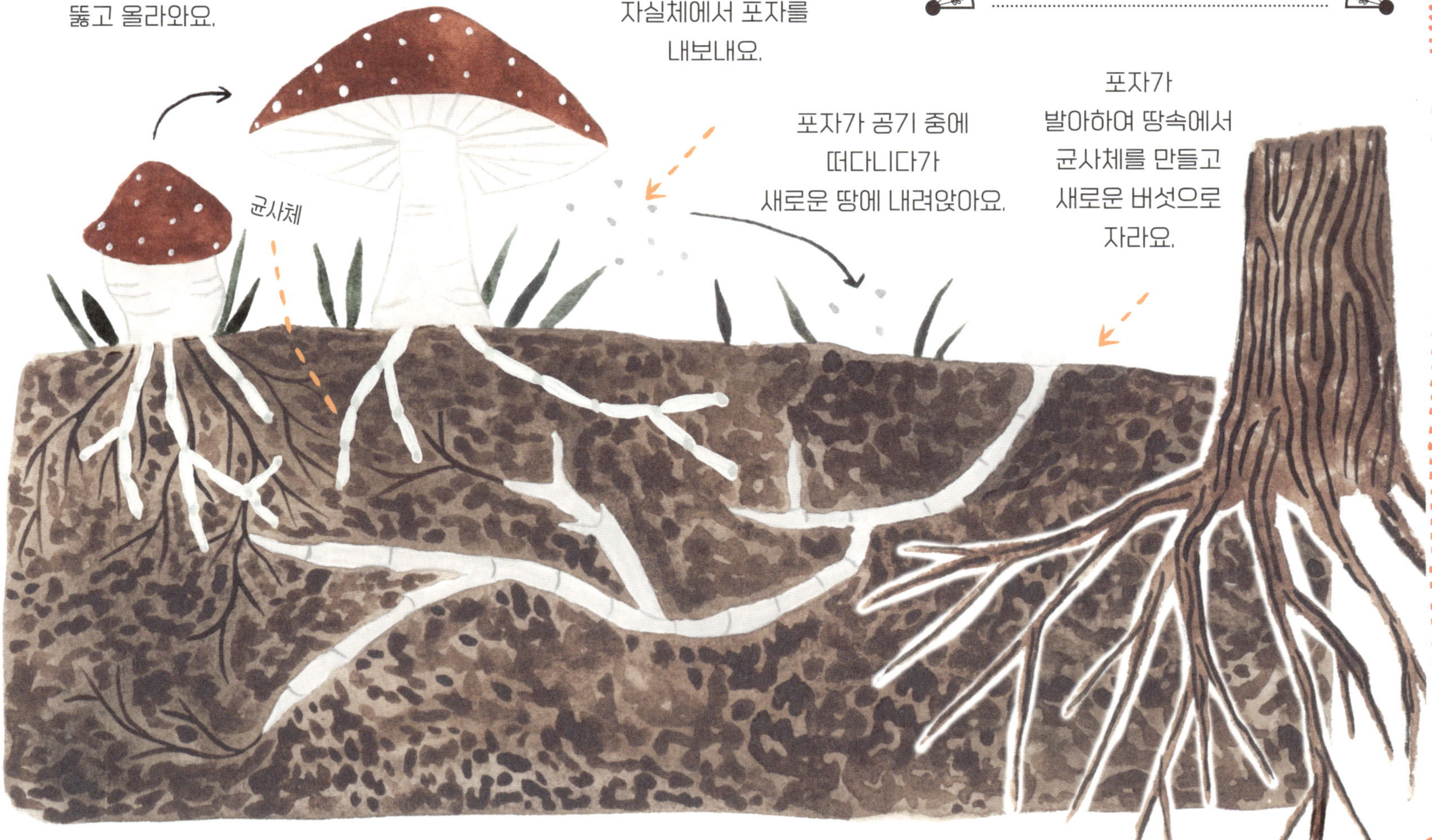

버섯을 소개합니다

버섯은 균계에 속해요.
버섯은 종류가 아주 다양해요.
사람의 목숨을 살리는 버섯도,
앗아가는 버섯도 있지요. 그래서 버섯을
다룰 때는 항상 조심해야 한답니다.

양송이
사람들이 즐겨 먹는 버섯이에요.

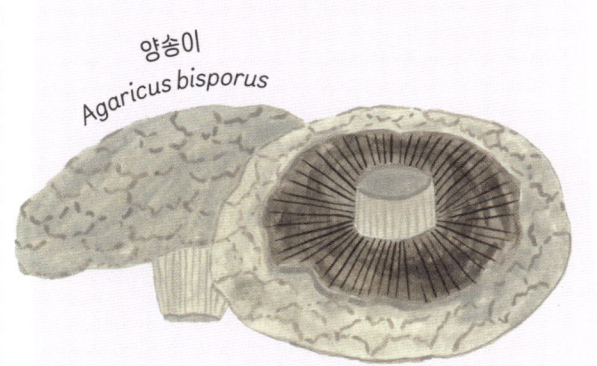

양송이
Agaricus bisporus

이 버섯은 나이에 따라 부르는 이름이
달라요. 어리고 하얀 버섯은 '양송이',
양송이의 색깔이 갈색이면 '크레미니',
크레미니가 완전히 자라면
'포토벨로'라고 불러요.

검은서양송로버섯
땅속에서 나무뿌리
가까이에 자라요.

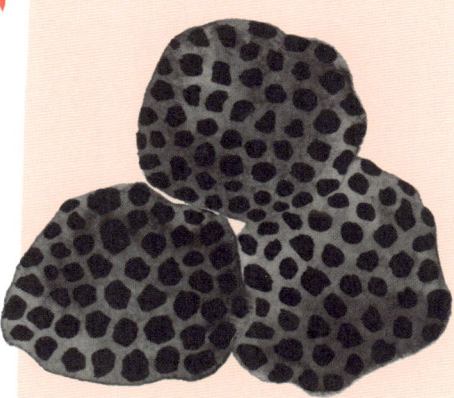

검은서양송로버섯
Tuber melanosporum

희귀한 맛을 내는
아주 값비싼 향신료예요.

광대버섯

광대버섯
Amanita muscaria

광대버섯
맹독이
들어 있는
아주 위험한
독버섯이에요.

균계

곰팡이나 버섯 같은 균류는
동물도 식물도 아니에요. 균계에
속하지요. 균류는 식물과 달리
빛에서 에너지를 얻을 수 없어요.
대신 주변 환경에서 양분을 흡수하죠.

황국균(노란누룩곰팡이)
우리나라에서 간장, 고추장,
된장이나 막걸리를
빚을 때 쓰이는
중요한 균류예요.

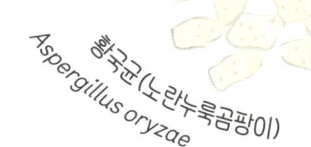

황국균(노란누룩곰팡이)
Aspergillus oryzae

페니실리움속
균계에 속하는 놀라운 곰팡이예요.
어떤 종은 사람의 목숨을 구하는
항생제의 원료로
쓰이고,
어떤 종은
치즈를 만들
때 사용돼요.

페니실리움속
Penicillium

버섯을 키워 봐요 →

버섯은 씨앗이 아닌
작은 포자에서 자라요.
그리고 아주 독특한 삶을
산답니다.

- 야생에서 버섯은 포자를 퍼트려서 숙주를 찾아요. 땅, 쓰러진 통나무, 심지어 아주 높은 나무줄기까지 어디에서든 자랄 수 있어요.

- 식용 버섯을 기를 수 있는 키트를 온라인몰에서 살 수 있어요. 야생에서 일어나는 일을 대신해 톱밥 덩어리에 균사를 접종한 제품이에요.

- 키트를 구매한 다음, 설명서를 잘 읽고 따라 해요. 키트마다 사용법이 조금씩 다르지만, 식물처럼 키운다고 생각하면 돼요. 주기적으로 신선한 공기와 물을 줘요.

- 어떤 버섯이냐에 따라 빛이 필요할 수도, 필요하지 않을 수도 있어요. 버섯이 자라는 모습을 즐겁게 지켜봐요. 버섯은 생각보다 아주 빨리 자란답니다. 다 자란 버섯은 따서 먹어 봐요.

역사 속 버섯 이야기

인류의 역사에서 버섯은 늘 신비한 식물이었어요.
맛과 영양이 풍부하지만, 잘못 먹었다가는 목숨을 잃을 수도 있거든요.

버섯은 하룻밤 사이에 쑥 자라기도 해요. 그 현상을 설명하기 위해 세계 각지에서 전설이 생겨났지요.

서양송로는 모두가 탐내는 아주 희귀한 버섯이에요. 사람들은 돼지를 훈련해 땅속의 나무뿌리 근처에서 자라는 이 버섯을 찾게 한답니다.

여러 유럽의 언어에서 둥글게 모여 나는 버섯을 '요정의 고리'라고 표현해요.

프랑스에서는 1650년경부터 말똥 거름에서 버섯을 재배하기 시작했어요.

아시아에서는 이미 천 년 전에 버섯이 재배됐다고 해요. 오늘날에는 전체 버섯의 4분의 3을 중국에서 먹어요.

집에서 직접 키울 수 있는 버섯을 소개합니다

팽이버섯 · 노루궁뎅이 · 곰보버섯 · 느타리버섯 · 분홍느타리버섯 · 표고버섯

수선화

소생과 부활의 식물

수선화는 봄소식을
전하는 꽃이에요.

춥고 길었던 겨울을 보내고
봄이 되면
새롭게 태어나지요.

날씨가 따뜻해지고 낮이 길어지면
화사한 얼굴로 작은 트럼펫을 불며
새로운 계절을 알려요.

수선화
Narcissus

수선화는 매년 땅속에서 추운 겨울을 견디고 봄이 되면 다시 모습을 드러내요.
정원 구석구석 기분 좋은 꽃으로 환하게 장식하지요.

암과 싸워요

과학자들이 수선화의 비늘줄기에서 추출한 화합물로 암을 치료하기 위해 연구하고 있어요.

수선화는 기르기 쉬워요. 여러해살이풀이라 매년 꽃이 펴요.

봄에 꽃을 피워요.

겨울에 뿌리를 내려요.

가을에 비늘줄기를 심어요.

수선화는 오랫동안 여러 암 협회의 상징이었어요. 희망을 주는 꽃이니까요.

비늘줄기는 겨우내 에너지를 저장했다가 봄철에 수선화가 자랄 때 연료를 줘요.

꽃잎 · 덧꽃부리 · 잎 · 줄기 · 비늘줄기 · 뿌리

수선화에 얽힌 신화

수선화의 라틴어 이름인 '나르키소스'는 원래 그리스 신화에 나오는 잘생긴 사냥꾼이었어요. 그는 물웅덩이에 비친 자기 모습을 보고 사랑에 빠져 시름시름 앓고 말았어요. 결국 그가 죽은 자리에서 이 꽃이 자랐답니다.

🌼 수선화과를 소개합니다 🌼

수선화과에는 아름다운 꽃이 피는 식물이 모여 있어요.
많은 식물이 비늘줄기라는 땅속 저장 기관이나 뿌리줄기라는
부푼 줄기에서 자라요. 덕분에 매년 겨울을 보내고 다시 자란답니다.

설강화
매년 이른 봄에 꽃이 펴요.

설강화
Galanthus nivalis

양파
우리가 먹는 양파는 비늘줄기예요. 그냥 자라게 두면 꽃을 피우지요.

양파
Allium cepa

기다란 잎

수선화과 식물은 꽃잎이 3개 또는 6개이고, 가죽끈 같은 긴 잎이 자라요.

아마릴리스속
Hippeastrum

마늘
마늘의 비늘줄기도 먹을 수 있어요. 전 세계에서 향신료로 사용되지요.

마늘
Allium sativum

차이브
차이브의 부드러운 잎과 줄기는 먹을 수 있어요.

차이브
Allium schoenoprasum

아마릴리스속
꽃잎이 크고 색깔이 화려해요. 보통 실내에서 키우면서 명절에 꽃을 키우게 하지요.

역사 속 수선화 이야기

고대 그리스 식물학자이자 철학자인 테오프라스토스는 야생 수선화를 보고 처음 기록으로 남긴 사람이에요.

수선화는 유럽 곳곳에서 인기 있는 정원 식물이 되어 많은 그림과 시에 등장했어요.

기독교에서는 예수의 부활을 기념하는 부활절을 상징하게 됐지요.

수선화는 천 년 전에 중국의 송나라로 건너가 오늘날까지 중국 문화에서 행운과 복을 상징하고 있어요. 중국의 설날인 춘절 무렵에 꽃이 피거든요.

1700년~1800년대에 네덜란드인들이 앞장서서 수선화를 분류하고 교배했어요. 영국과 북아메리카로 비늘줄기가 운반됐지요. 미국의 동부 해안과 동남부 지역의 오래된 농장에서는 아직도 이 수선화의 자손을 볼 수 있어요.

수선화를 길러 봐요 →

수선화를 실내에서 기르면 한겨울에도 꽃을 피우게 할 수 있어요.

- 얕은 용기를 찾아 작은 자갈을 2~3cm 깊이로 깔아요. 수선화의 비늘줄기를 뾰족한 쪽이 위로 가게 올리고 사이사이에 자갈을 채워요.

- 길이가 40~50cm쯤 되는 잔가지 몇 개를 구해 비늘줄기와 돌멩이 사이에 수직으로 꽂아요.

- 비늘줄기의 바닥까지 물을 채운 다음, 약 2~3주 동안 어둡고 시원한 (단, 얼면 안 돼요) 장소에 둬요.

- 뿌리가 나오면 용기를 해가 잘 드는 창턱에 두고 필요할 때마다 물을 줘요. 이제 식물이 자라서 꽃을 피우는 것을 즐겁게 감상하면 돼요. 꽃이 똑바로 자라게 잔가지가 잘 받쳐줄 거예요.

파인애플

맛과 우정의 식물

파인애플과 식물은 어디서든 주변 동물에게 도움의 손길을 건네요.

쉴 곳과 먹고 마실 것은 물론이고 살 집까지 마련해 주지요.

파인애플
Ananas comosus

파인애플은 가장 잘 알려진 파인애플과 식물이에요.
튼튼하고 뾰족한 잎은 파인애플과 식물의 전형적인 특징이지요.
이 잎은 동물들과 친구가 되는 것을 방해하기는커녕 도움을 준답니다.

야생에서 파인애플은 꽃꿀을 먹는 박쥐와 벌새가 꽃가루를 날라 줘요.

파인애플은 작은 꽃이 하나씩 차례로 피어요.

여러 달이 지나 꽃은 열매가 돼요. 여러 열매가 서로 합쳐져서 하나의 파인애플이 되지요. 이런 열매를 '겹열매'라고 불러요.

영광의 왕관

파인애플 윗부분을 '꼭지'라고 해요.

파인애플에는 면역계를 도와 병과 싸우는 항산화물질이 가득 채워졌어요.

이름의 유래

스페인인들은 파인애플이 솔방울을 닮았다고 하여 '인디언의 소나무'라고 불렀어요. 세계의 다른 지역에서는 '아나나스(ananas)'라고 불렀는데 투피어로 '뛰어난 과일'이라는 뜻이랍니다.

🍍 파인애플과를 소개합니다 🍍

파인애플과 식물은 대부분 미국 남부와 중앙아메리카, 남아메리카를 포함하는 열대와 아열대 지방에서 자라요. 총 3500종이 넘는답니다.

틸란드시아

이 공기 식물은 건조한 환경에서도 잘 자라는 훌륭한 실내식물이에요. 단, 반려동물이 그 잎을 간식으로 먹지 않게 주의해요.

틸란드시아
Tillandsia stricta

공기 식물

많은 파인애플과 식물이 나무나 바위에 붙어사는 착생식물이에요. 흙이 없이도 자란다고 하여 '공기 식물'이라고도 해요.
잎에 솜털처럼 하얗게 자라는 모용으로 물과 영양분을 흡수해요.

네오레겔리아

이 식물은 겹쳐 나는 잎 한가운데에 빗물을 받아 담을 수 있어요. 그 물속에서 올챙이를 키우는 독화살개구리도 있어요.

스페인이끼(수염틸란드시아)
Tillandsia usneoides

스페인이끼 (수염틸란드시아)

파인애플과 식물 중에서 가장 작은 스페인이끼도 공기 식물이에요 (진짜 이끼가 아니에요). 솔새가 이 식물의 길고 꼬불꼬불한 잎에 둥지 짓기를 좋아해요.

네오레겔리아
Neoregelia chlorosticta

올챙이의 배설물이 식물에게는 양분이 돼요.

역사 속 파인애플 이야기

파인애플은 브라질, 파라과이, 아르헨티나의 파라나강과 파라과이강 주변에서 자생하던 식물이에요.

그러다가 중앙아메리카, 멕시코, 카리브 제도에서 토착민들이 재배하기 시작했지요.

1550년대에는 브라질에 식민지를 건설한 포르투갈인이 처음으로 파인애플을 인도에 들여왔어요.

오늘날, 전 세계에서 파인애플을 재배해요. 코스타리카, 필리핀, 브라질, 인도네시아에서 가장 많이 생산해요.

파인애플은 18세기 유럽의 귀족 사회에서 크게 유행했어요. 귀족들이 비싼 온실을 짓고 파인애플을 키웠지요.

16세기 무렵, 스페인 식민주의자들이 파인애플을 필리핀에 가져갔고, 19세기에는 하와이에 소개했어요.

파인애플을 키워 봐요 →

파인애플을 마당이나 바깥에서 키우기는 어려울 거예요. 열대 기후에서 살아온 식물이니까요. 대신 실내에서 기를 수는 있어요. 다 먹은 파인애플의 꼭지로요.

- 잘 익은 파인애플의 꼭지를 잡고 비틀어 몸통에서 떼어 내요.
- 아래에서부터 약 5cm 정도까지 잎을 하나씩 떼어 내요. 아마 갈색 기가 도는 심이 보일 거예요. 여기에서 아기 파인애플이 자랄 거예요.
- 하지만 그 전에 햇볕에 파인애플 꼭지를 잘 말려야 해요.
- 잘 마른 꼭지를 따뜻한 물이 담긴 병에 담그고 이틀에 한 번씩 물을 갈아 줘요.
- 뿌리가 자라도록 파인애플을 3~4주 동안 내버려 둬요. 그런 다음 크기가 넉넉한 화분에 혼합 상토와 함께 심고 해가 잘 드는 곳에 둬요. 두 달이 지나면 파인애플 꼭지에서 새로운 잎이 자랄 거예요.

토마토

생산력과 꽃가루받이의 식물

덩굴에 달린
잘 익은 토마토를
따서 맛보는
것보다 더 즐거운
일이 있을까요?

그런데 토마토가 열리려면
먼저 수분(꽃가루받이)이
이루어져야 해요.

토마토
Solanum lycopersicum

많은 식물이 씨를 만들어 번식해요. 씨가 맺히려면 먼저 식물이 수분되어야 해요. 꽃가루가 암술머리에 올라앉는 것을 '수분'이라고 해요. 수분이 일어난 식물에서는 토마토가 수 kg씩 달린답니다.

벌 같은 꽃가루 매개자가 한 식물에서 다른 식물로 꽃가루를 옮겨 수분을 도와요.

그런데 토마토는 자가수분을 해요. 같은 식물 안에서 수분이 일어난다는 뜻이에요.

꽃

토마토는 꽃마다 수술과 암술이 모두 있어요.

꽃을 찾은 벌이 꽃가루를 흔들어 수술에서 떼어 내요.

암술머리
수술
씨방

꽃가루가 암술머리에 떨어지면 꽃가루 안의 정핵이 아래로 내려간 다음 씨방으로 들어가 수정이 일어나요.

수분이 되면 식물은 열매를 맺어요.

토마토 열매

식물학자들은 토마토를 '장과(베리)'라고 불러요. 하나의 씨방에서 만들어지고 과육 안에 여러 개의 씨가 들어 있거든요.

온실 속 토마토

토마토는 1년 내내 온실에서 재배돼요. 식물이 열매를 맺으려면 수분이 돼야 해서 온실에서는 선풍기와 진동 장치로 꽃가루를 옮겨서 인공적으로 수분해요.

가짓과를 소개합니다

토마토는 가짓과 식물이에요.
가짓과 식물은 주로 중앙아메리카와
남아메리카에 널리 퍼져 있어요.

고추
고추속 품종에는
파프리카, 피망, 고추가 있어요.

고추
Capsicum annuum

피리피리 (작고 매운 고추)
Capsicum frutescens 'Piri-piri'

위험한 식물

가짓과 식물 중에는 마트에서 흔히 보는
과일과 채소도 있지만, 많은 식물이
독성이 있어 사람의 목숨을 위협해요.

가지
길쭉한 보라색 열매가 열려요.

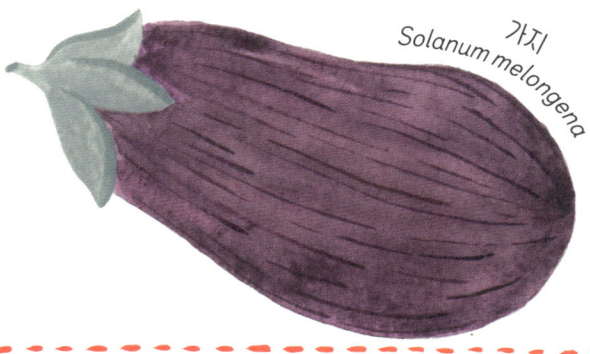

가지
Solanum melongena

감자
꽃은 땅 위에 있는
토마토 식물과
비슷해요.

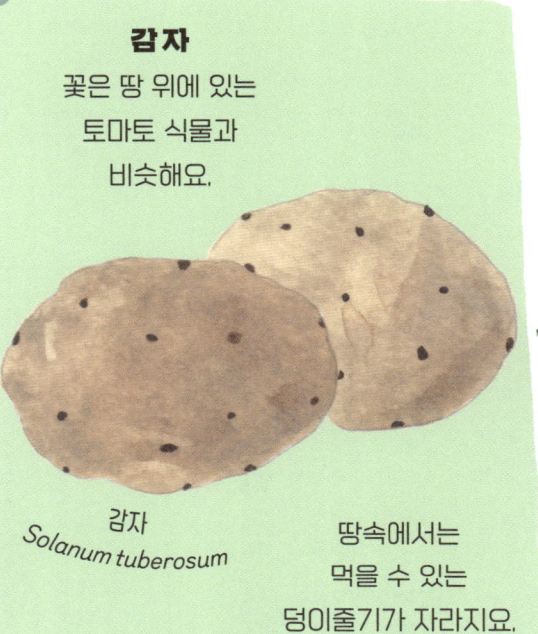

감자
Solanum tuberosum

땅속에서는
먹을 수 있는
덩이줄기가 자라지요.

벨라돈나풀
독성이 아주 강해
독약을 만들 때 사용했던
식물이에요.

벨라돈나풀
Atropa belladonna

토마토를 키워 봐요 →

방울토마토는
토마토 품종 중
가장 키우기 쉬워요.

- 작은 화분에 배양토를 담고 씨를 뿌려요. 해가 잘 드는 창턱에 올려 두고 물을 줘요.

- 두 개의 잎이 완전히 자랄 때까지 기다렸다가 날씨가 따뜻한 날을 골라 모종을 밖에 심어요. 추운 날씨에 아주 민감하거든요.

- 어린 토마토 식물은 햇빛을 많이 받아야 하고 위로 자랄 때 지탱해 줄 튼튼한 지지대가 필요해요.

- 잎과 원줄기 사이에서 옆으로 나오는 싹은 떼어 내요.

- 몇 주에 한 번씩 비료를 주고 해를 충분히 받으면 6주 안에 튼튼한 식물이 될 거예요.

- 열매가 맺기 시작하면 낮게 달린 오래된 잎은 떼어 내요. 그러면 열매가 더 잘 익을 거예요.

역사 속 토마토 이야기

토마토는 남아메리카에서 처음 발견됐고, 나중에 메소아메리카 곳곳에서 재배됐어요. '토마토'라는 말은 원래 나우아틀어로 '토마틀(tomatl)'에서 유래했지요.

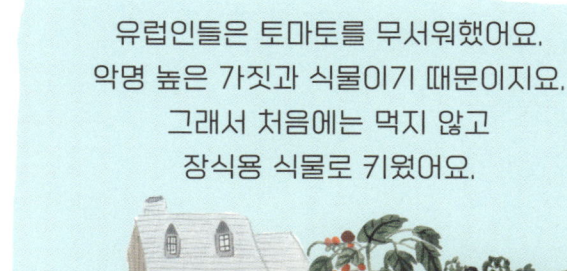

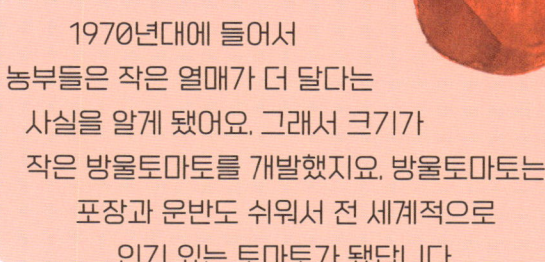

1970년대에 들어서 농부들은 작은 열매가 더 달다는 사실을 알게 됐어요. 그래서 크기가 작은 방울토마토를 개발했지요. 방울토마토는 포장과 운반도 쉬워서 전 세계적으로 인기 있는 토마토가 됐답니다.

유럽인들은 토마토를 무서워했어요. 악명 높은 가짓과 식물이기 때문이지요. 그래서 처음에는 먹지 않고 장식용 식물로 키웠어요.

토머스 제퍼슨 대통령 덕분에 미국에서 토마토가 인기를 끌었어요. 그는 자기 집 정원에서 토마토를 재배했어요.

이윽고 유럽 사람들도 점차 토마토를 좋아하게 됐어요. 토마토는 유럽의 온화한 지중해 기후에서 잘 자랐어요.

토마토는 산성이 강해 당시에 사람들이 사용하던 납 접시와 반응하여 납 중독을 일으켰어요. 그 바람에 토마토의 소문이 더 나빠졌지요.

집에서도 키울 수 있는 토마토 품종을 소개합니다

플럼토마토
씨가 거의 없어서 토마토소스를 만드는 데 안성맞춤이에요.

블랙체리토마토
샐러드에 넣으면 맛도 모양도 살아난답니다.

에어룸토마토
색깔, 모양, 크기가 다양한 오래된 재래종 토마토예요.

노랑대추방울토마토
토마토의 붉은색을 내는 유전자가 없어요.

코라존토마토
크고 과육이 많은 비프스테이크 토마토예요.

사과나무
Malus pumila

그림 형제의 동화에서 천일야화까지 사과는 오랫동안 많은 지역에서 전통문화와 함께했고, 신비와 위험의 상징이 됐어요.

인간의 문화는 아주 옛날부터 사과나무의 가지와 뒤엉켜 있었어요.

개량된 사과 품종만 수천 종이 넘어요.

많은 사과 품종이 자연적인 돌연변이로 생겨났어요.

사과나무의 한살이는 아래와 같아요.

한 나무의 가지에서도 맛과 형태가 완전히 다른 열매가 자랄 수 있어요.

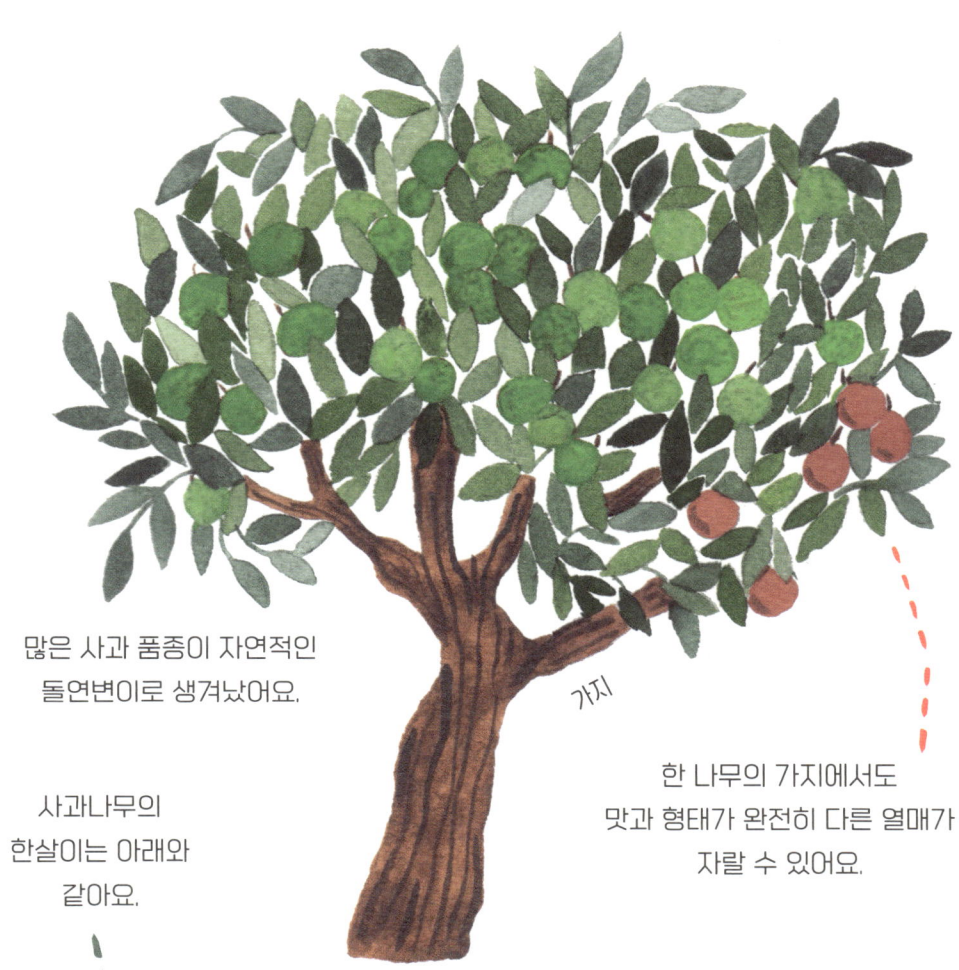

사과나무는 '낙엽성'이에요. 봄에 꽃이 피고 여름에 열매를 맺고 가을에는 잎이 떨어지지요.

접붙이기

씨를 심어서 키운 사과는 부모와 모양이나 맛이 다른 경우가 많아요. 여러분이 원하는 사과가 열리는 나무를 키우려면 그 사과가 열린 나무의 가지를 잘라 뿌리가 튼튼한 다른 사과나무에 끼워서 접붙이기를 해요. 그러면 그 나뭇가지가 여러분이 원하는 바로 그 품종이 열리는 나무로 자랄 거예요.

사과에 얽힌 신화

그리스 신화에서 불화의 여신인 에리스는 황금사과로 전쟁을 일으켰어요. 그림 형제는 백설 공주에게 독이 든 사과를 먹였지요. 성경에서 아담과 하와가 먹은 선악과가 사과였다고들 해요. 이 평범한 과일의 전통은 계속 이어질 거예요.

장미과를 소개합니다

사과는 장미과 식물이에요.
살구, 자두, 배, 아몬드가 열리는 나무가
모두 장미과예요.

다섯의 법칙

야생 장미를 알아보는 한 가지 방법은 꽃잎과 꽃받침의 개수를 세어 보는 거예요. 장미과 식물은 꽃잎과 꽃받침이 각각 5개씩 있거든요. 그리고 가운데에 수술이 나선형으로 나와요.

딸기
Fragaria x ananassa
심장 모양의 빨간 딸기는 사랑의 여신인 비너스의 상징이에요.

인가목
Rosa acicularis
북아메리카 숲에서 자생해요. 캐나다의 앨버타주는 '인가목의 고장'이라고 불리지요.

세로티나벚나무
Prunus serotina
먹을 수 있는 열매가 달려요. 생으로도 먹고, 잼, 젤리, 파이, 시럽으로 만들어서 먹기도 하지요.

사과나무를 키워 봐요 →

사과씨를 심어서 사과나무를 기르면
그 나무에서 열리는 사과가
여러분이 먹었던 것과 같은 맛이
아닐 거라는 사실을 기억해요.

- 사과심 안에서 갈색 씨를 꺼내요. 큰 것들만 골라서 물컵에 넣어요.
- 물 위에 뜨는 씨는 버리고 가라앉는 씨만 남겨요.
- 물을 적신 종이행주에 씨를 올려놓은 다음 지퍼백 안에 넣어요.

역사 속 사과 이야기

오늘날 우리가 먹는 사과는 원래 중앙아시아에서 자라던 야생종이에요. 그곳에서 서로 다른 종이 자연적으로 교배했지요.

실크로드는 중국과 유럽을 연결한 무역로를 말해요. 실크로드로 다니던 무역상이 가는 길에 먹다 버리거나 심은 사과가 자라고 교배됐어요.

1870년대에 미국 아이오와주의 한 농부가 우연히 한 자연 교배종을 발견했어요. 바로 나중에 사과 시장을 지배하게 된 '레드 딜리셔스'라는 품종이랍니다.

이후 일본의 후지사키에서 레드 딜리셔스를 오래된 다른 품종과 교배해 인기 있는 부사를 개발했어요.

17세기에 식민지 개척자들이 사과씨를 북아메리카에 가져가 과수원에 심기 시작했어요.

처음에 미국 뉴잉글랜드 식민지에서는 사과를 그냥 먹는 대신 압착하여 애플사이다라는 주스로 만들었어요.

미국에도 토종 사과나무인 꽃사과가 있었지만 열매가 아주 작았어요.

- 지퍼백을 냉장고에 3개월 동안 넣어 뒤요. 사과씨가 싹을 틔우려면 겨울의 추위를 겪어야 해요. 냉장고 안이 겨울 날씨가 되는 거예요.
- 3개월이 지나면 지퍼백을 꺼내어 씨를 화분에 1cm 깊이로 심어요.
- 햇볕을 쬐고 물을 주면 몇 주 안에 싹이 나기 시작할 거예요.
- 이른 봄에 묘목을 땅이나 더 큰 화분에 심고 막대로 지지대를 세워요. 근처에 동물이 돌아다니면 울타리를 쳐서 보호해 줘요. 완전히 자리 잡을 때까지 일주일에 한 번씩 물을 줘요.
- 인내심을 가지고 보살피면 몇 년 안에 어린나무는 사과나무가 될 거예요.

케일

비타민과 활력의 식물

케일은 비타민과 무기질이
잔뜩 들어 있는 채소예요.
생으로 먹든 익혀서 먹든
비타민 A, C, K와 칼슘, 섬유질을
많이 얻을 수 있지요.
진정한 슈퍼푸드랍니다.

케일
Brassica oleracea var.viridis

케일은 배추속 식물이에요. 비타민이 풍부해서 '슈퍼푸드'라고 부르죠. 케일은 영하의 온도에서도 견디는 엄청난 능력이 있어요. 사실 어떤 케일은 서리를 맞으면 맛이 더 달아진답니다.

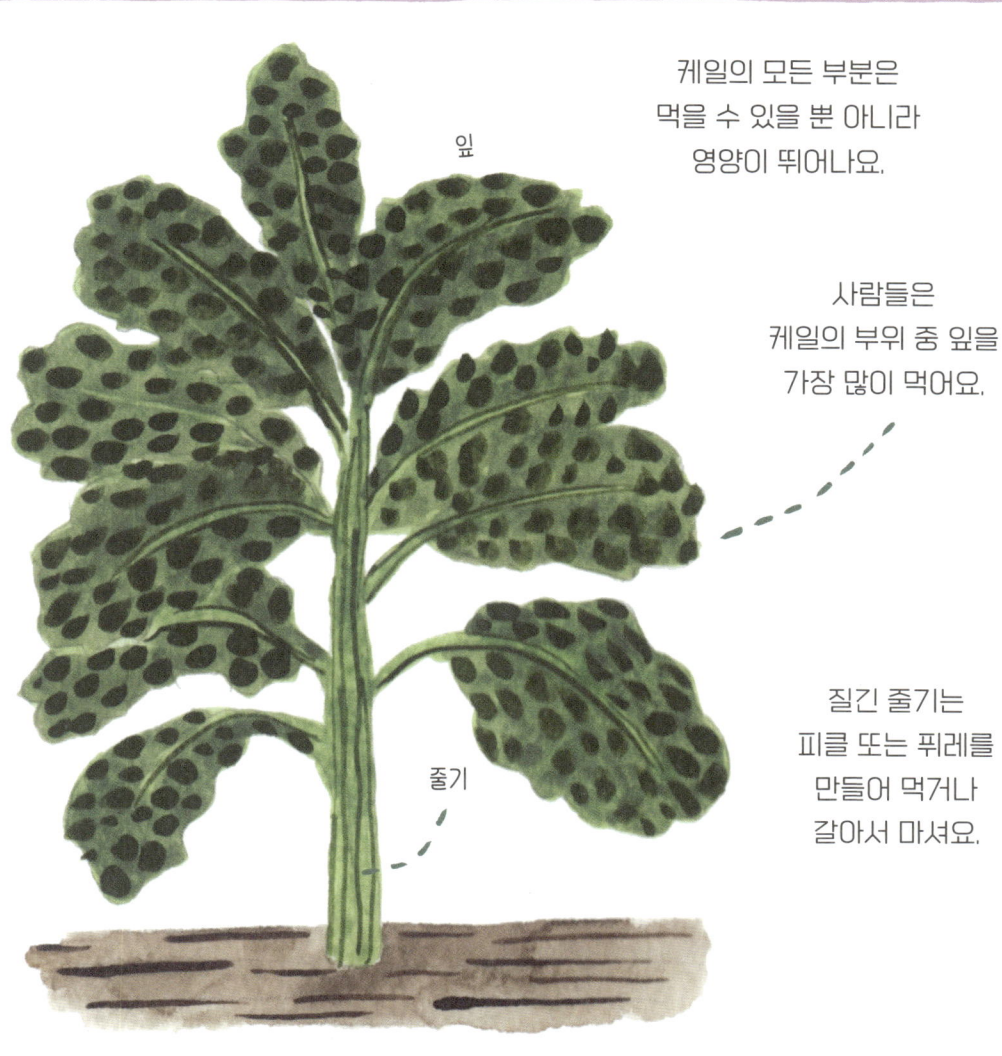

케일의 모든 부분은 먹을 수 있을 뿐 아니라 영양이 뛰어나요.

사람들은 케일의 부위 중 잎을 가장 많이 먹어요.

질긴 줄기는 피클 또는 퓌레를 만들어 먹거나 갈아서 마셔요.

추대

추대는 꽃줄기가 자라면서 식물이 꽃을 피워 생활사를 마무리하기 시작하는 단계예요. 꽃이 피기 전에 꽃눈을 떼어 버리면 새로운 잎이 계속 자랄 거예요.

꽃눈은 물론이고 꽃잎이 열린 꽃도 잘라서 먹을 수 있어요.

다양한 형태, 크기, 색깔의 케일이 있어요.

몸에 좋은 케일

케일에는 항산화 물질이 아주 많이 들어 있어요. 몸속의 세포가 큰 병에 걸리지 않게 지켜 주는 물질이지요. 스코틀랜드에는 아파서 밥을 먹지 못하는 사람을 두고 '케일도 못 먹을 지경'이라고 말해요.

청곱슬 케일

적곱슬 케일

'카볼로 네로' 블랙케일

헝그리갭 케일

레드러시안 케일

배춧과 식물을 소개합니다

케일은 배춧과 식물이에요. '십자화과'라고도 하지요. 브로콜리와 콜리플라워, 무와 서양고추냉이, 겨자와 유채가 모두 배춧과 식물이에요. 유채는 식용유를 만드는 데 쓰여요.

콜라비
두꺼운 왁스질의 껍질로 덮여 있어요.
비타민 C가 아주 풍부하지요.

콜라비
Brassica oleracea var. gongylodes

콜리플라워
Brassica oleracea var. gongylodes

콜리플라워
암세포를 억제하는 항산화물질인 설포라판이 풍부해요.

로마네스코 브로콜리
이 특별해 보이는 식물의 뾰족한 꽃에는 비타민 A가 채워져 있어요.

Brassica oleracea var. botrytis 'Romanesco'
로마네스코 브로콜리

카이란
Brassica oleracea var. alboglabra

카이란
'중국브로콜리'
라고도 불러요.
엽산과 섬유질이
많이 들어 있어요.

알고 보면 모두 한 식물

2천 년 동안 한 특별한 배추속 식물이
아주 다양한 형태로 재배됐어요. 양배추, 브로콜리,
콜리플라워, 케일, 방울다다기, 사보이 양배추,
콜라비는 서로 전혀 다른 식물처럼 보이지만
사실은 모두 '브라시카 올레라케아(*Brassica oleracea*)'라는
한 종의 재배종이랍니다.

역사 속 케일 이야기

고대 그리스인과 로마인들은 케일을 즐겨 먹었어요. 나중에는 북유럽과 중유럽, 그리고 아시아 곳곳의 추운 지방에서 많이 재배됐지요. 케일은 추위에 강해 먹을 게 거의 없는 겨울철에도 수확할 수 있었거든요.

러시아 가죽 상인이 19세기에 처음으로 케일을 캐나다에 가져갔어요.

제2차 세계대전으로 영국인들은 식량이 부족했어요. 그래서 사람들은 추위에도 잘 자라고 영양가가 높은 케일을 심기 시작했어요. 케일은 아주 중요한 작물이었어요.

20세기 북아메리카에서는 케일이 화려한 겨울철 장식용 식물로 길러졌어요.

그러다가 1990년대가 되어서야 케일에 비타민과 무기질이 풍부하다는 사실이 알려졌어요. 이후 사람들 사이에서 슈퍼푸드로 유행하게 됐지요.

케일을 키워 봐요 →

케일씨를 심고서 싹이 트면 바로 먹어도 돼요. 그런데 밥상이 더 풍성해지길 바란다면 참을성을 좀 더 발휘해야 해요.

- 봄에서 초여름까지, 작은 화분에 흙을 담고 케일씨를 곳곳에 뿌린 다음 배양토로 살짝 덮어요. 살살 물을 주고 해가 잘 드는 창문 옆에 둔 다음 싹이 날 때까지 기다려요.

- 먼저 떡잎 두 개가 올라온 다음 진짜 케일 잎이 떡잎 가운데에서 나오기 시작해요.

- 이때부터 먹어도 되지만 더 크고 풍성한 잎을 먹고 싶다면 한 단계 더 거쳐야 해요. 화분을 창턱에 두고 몇 cm 더 클 때까지 물을 주며 기다려요.

- 케일 싹이 정말 빽빽하게 자라면 밖으로 가지고 나가 큰 화분이나 텃밭에 조심스럽게 나누어 심어요. 몇 주가 지나면 아래에서부터 더 큰 잎을 딸 수 있을 거예요. 그렇게 되면 위쪽 잎이 더 커지고 잎도 더 많아진답니다.

당근

색깔과 요리의 식물

혹시 태어나서
제일 먼저 먹은 채소가 뭐였는지
기억하나요?
아마 당근이었을 걸요!

아삭하고 달콤하고 몸에 좋은 영양소가
듬뿍 들어 있는 당근은 전 세계 어느 요리에나
들어가는 사랑받는 채소예요.

당근
Daucus carota subsp. *sativa*

당근은 기르기 쉽고 오래 저장할 수 있어요.
덕분에 1년 내내 당근을 먹을 수 있고,
당근이 자라지 않는 지역에서도 당근을 즐길 수 있지요.

수천 년 전 인간이 처음 야생 당근을 발견했을 때 제일 먼저 사용된 것은 향긋한 잎이었어요.

뿌리 / 잎 / 곧은뿌리

현재 개량된 당근에서 가장 흔하게 먹는 부분은 곧은뿌리예요.

이 뿌리는 2~3개월 동안 아래로 자라면서 굵어져요.

색색의 당근

당근은 아주 여러 색깔을 띠어요. 안토시아닌이라는 색소가 빨간 당근, 보라 당근, 그리고 검은색에 가까운 당근까지 만들지요. 한편 카로틴이라는 색소는 우리 모두에게 익숙한 주황색 당근을 만들어요. 어떤 품종에서는 흰색이나 노란색 당근도 있어요.

당근을 캐지 않고 두면 꽃을 피워서 씨앗을 맺지요.

당근을 먹는 여섯 가지 방법

당근은 여기저기 쓰임이 많은 채소의 하나예요.
당근을 맛있게 먹는 여섯 가지 방법을 소개할게요.

맛있는 당근 케이크를 굽는다.

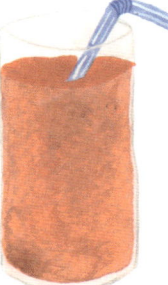

갈아서 몸에 좋은 주스로 만들어 마신다.

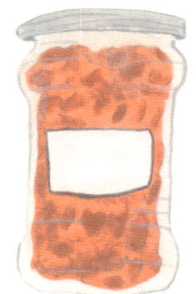

신선한 당근을 날것으로 먹는다.

깍둑썰기하여 카레나 각종 요리에 넣어서 먹는다.

잘게 썰어서 샐러드에 넣어 먹는다.

새콤달콤한 피클이나 절임을 만들어 먹는다.

당근은 미나릿과의 다른 식물과 비슷한 꽃을 피워요.

미나릿과를 소개합니다

당근은 미나릿과 식물이에요. '산형과'라고도 하지요.
미나릿과 식물은 마치 우산을
거꾸로 세운 것 같은 모양으로 꽃이 핀답니다.

산당근
우산 모양의 꽃이 피는
야생 당근이에요.

산당근
Daucus carota

허브와 향신료

미나릿과 식물은 각각 고유한
맛과 향이 있어서 요리에 많이 쓰여요.
셀러리는 줄기가 맛이 있지요.
회향, 딜(소회향), 파슬리 같은
허브도 미나릿과 식물이에요.
캐러웨이, 고수, 쿠민 같은 향신료도
모두 한 가족이랍니다.

셀러리
Apium graveolens

파슬리
Petroselinum crispum

나도독미나리
독초인
나도독미나리는
전호와 쉽게
헷갈릴 수 있어요.

나도독미나리
Conium maculatum

이 식물은
함부로 건드리면 안 돼요.
모든 부위에 독이 있거든요.

파스닙
Pastinaca sativa

파스닙
파스닙의
길고 곧은 뿌리를
꿀과 함께
구워 먹으면
아주 맛있답니다.

역사 속 당근 이야기

당근은 원래 중앙아시아에서 씨와 향긋한 잎 때문에 기르던 식물이에요.

야생 당근의 뿌리는 원래 색이 연했어요.

처음 재배된 당근은 보라색과 노란색이었어요.

16~17세기에 네덜란드인이 더 달고 색깔도 진한 주황색 당근을 재배했지요.

더 크고 길고 맛도 좋은 뿌리가 자라는 새로운 당근이 개발됐어요.

현대에는 프랑스에서 낭트 당근과 샹트네이 당근을 비롯해 여러 품종을 개발했어요.

13세기 쿠빌라이 칸이 처음으로 중국에 당근을 들여왔어요. 오늘날 세계에서 가장 많은 당근이 재배되는 곳이 중국이에요.

당근을 키워 봐요 →

당근은 달콤한 뿌리가 넉넉히 자랄 수 있는 깊은 화분이나 땅을 좋아해요.

- 뿌리가 자라야 하니까 흙이 너무 단단하거나 돌이 있으면 좋지 않아요. 가지고 있는 씨앗의 절반을 뿌리고 가볍게 흙으로 덮은 다음, 싹이 날 때까지 물기가 마르지 않게 해요.

- 몇 주 뒤, 남은 씨앗으로 위의 과정을 반복해요. 이렇게 하면 오랫동안 신선한 당근을 수확할 수 있지요.

- 당근파리가 당근을 괴롭힐지도 몰라요. 잡초 매트나 토양 덮개로 덮으면 파리가 당근의 맛있는 뿌리를 망가뜨리지 못하게 막을 수 있어요.

- 당근의 싹이 올라오면, 일부를 뽑아서 식물이 서로 3~4cm 간격으로 떨어지게 해요. 이것을 '솎아내기'라고 해요. 솎아내지 않으면 당근이 길고 단단하게 자랄 공간이 없어서 작고 뭉툭하게 클 거예요.

- 씨를 뿌린 지 12~16주가 지나면 땅에서 뽑아서 먹어도 좋아요.

알로에 베라
Aloe vera

알로에 베라는 튼튼한 다육식물이고 중동의 산악 사막에서 기원했어요.
산악 사막의 척박한 토양과 가뭄에도 잘 견디도록 진화했어요.

가뭄을 이겨요

알로에 베라는 회복력이 뛰어날 뿐만 아니라 가뭄을 이기는 훌륭한 기술이 있어요. 물이 없이 살아야 하는 긴 시간 동안 알로에 베라는 세포벽을 한데 접어 자원을 잘 지키고 있다가 비가 오면 다시 펼쳐요.

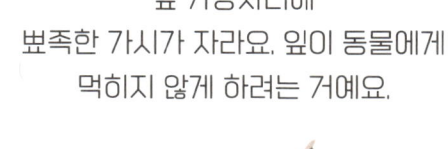

잎 가장자리에 뾰족한 가시가 자라요. 잎이 동물에게 먹히지 않게 하려는 거예요.

알로에 베라꽃은 잎이 없이 높이 솟은 꽃대 끝에 피어요.

알로에 베라의 꽃잎은 작고 길쭉한 관 모양이에요.

잎몸

줄기

뿌리

알로에 베라의 잎은 장미처럼 잎이 동그랗게 포개진 모양으로 자라요. 습기를 모아서 뿌리에 내려보내죠.

피부를 진정시키는 수액

알로에 베라는 수액 때문에 약용식물로 재배돼요. 그 수액은 젤과 로션, 비누, 샴푸, 연고로 사용되지요. 햇빛에 피부가 심하게 타면 알로에 베라의 잎을 잘라 직접 문지르기도 해요. 그러면 통증이 가라앉고 피부가 나아져요.

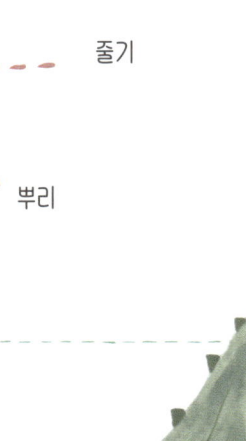

수액

다육식물을 소개합니다

다육식물은 한 분류군에 속하지는 않지만 모두 두툼한 줄기와 잎에 액체를 저장해 가뭄을 견디는 능력이 뛰어나요. 그래서 다른 식물이 자라지 못하는 곳에서도 잘 살지요.

셈페르비붐
유럽에서 전통적으로 집의 지붕에 자라는 식물이에요.

셈페르비붐
Sempervivum calcareum

변경주선인장
눈에 잘 띄는 이 선인장은 키가 12m나 자라요.

변경주선인장
Carnegiea gigantea

테킬라용설란
멕시코 사막에서 자라는 식물이에요. 테킬라와 아가베 시럽을 만들어요.

테킬라용설란
Agave tequilana

보검선인장
멕시코에서는 보검선인장 과육으로 요리해요.

보검선인장
Opuntia ficus-indica

선인장
선인장은 대부분 다육식물이에요. 물론 모든 다육식물이 선인장은 아니에요. 선인장은 오랜 시간이 지나면서 잎을 잃었어요. 물을 빼앗기지 않기 위해 뾰족한 가시가 됐죠.

염자 '골룸'
중국에서는 이 식물이 행운을 가져온다고 여겨요. '돈이 들어오는 나무'라고도 부르지요.

염자 '골룸'
Crassula ovata 'Gollum'

다육식물을 키워 봐요 →

큰 화분을 이용해 집 안과 바깥에서 작은 사막 정원을 꾸며 봐요.

- 물이 잘 빠지는 모래로 화분을 채우고 부드럽게 눌러 줘요.

- 가까운 꽃집에서 다육식물을 여러 개 사요. 많이 사도 되지만 많이 심으면 빨리 떼어 내 새로 심어야 해요.

- 다육식물을 화분에서 꺼내 정원을 만들 큰 화분에 심어요.

- 자갈이나 돌로 흙을 덮고 물을 흠뻑 줘요.

- 장식품이나 나무로 장식하면 다 된 거예요.

- 햇볕을 많이 쫴 주고, 가끔 물을 줘요. 물을 주는 횟수는 다육식물에 따라, 또 여러분이 어디에 사는지에 따라 달라요. 겨울에는 집 안에 들여놔야 할 수도 있어요.

역사 속 다육식물 이야기

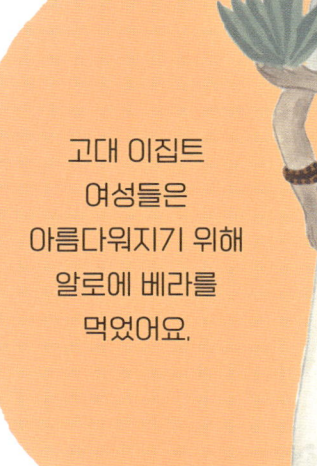

고대 이집트 여성들은 아름다워지기 위해 알로에 베라를 먹었어요.

아스텍 문화에서 용설란은 장수와 건강의 상징이었어요. 용설란으로 풀케라는 음료를 만들어 예식이나 잔치 때 마셨어요.

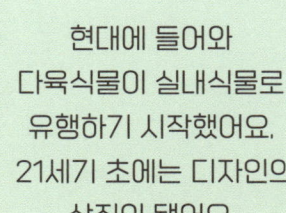

아스텍인과 마야인은 보검선인장에 사는 연지벌레로 진한 빨간색의 코치닐 염료를 만들었어요.

멕시코를 정복한 스페인인들이 다육식물과 함께 코치닐 염료를 유럽에 가져왔어요. 둘 다 아주 귀한 대접을 받았지요.

현대에 들어와 다육식물이 실내식물로 유행하기 시작했어요. 21세기 초에는 디자인의 상징이 됐어요.

차

건강과 환영의 식물

다른 사람의
집에 갔을 때 차를
대접받은 적 있나요?
차는 손님을
환영한다는
뜻이거든요.

차는 찻잎을 우려서 만들어요.
세계에서 물 다음으로 가장 인기 있는
음료랍니다.

차나무
Camellia sinensis

추위를 잘 견디는 이 작은 식물은 매년 건강과 행복을 가져와요.
봄에는 향긋한 잎을 따서 따뜻한 차를 만들어요.
하얗게 피는 예쁜 꽃은 가을의 즐거움이지요.

찻잎

차나무의 잎으로 전 세계인이 좋아하는 음료를 만들어요.

차를 만들 때는 차나무의 잎눈과 꼭대기에 난 잎 두 개만 수확해요.

차나무에서는 대략 1~2주마다 새로운 눈과 잎이 자라요.

꽃

잎

줄기

차나무는 키가 15m나 자랄 수 있어요. 하지만 찻잎을 따기 쉽게 하고, 옆에서 더 많은 가지가 나오도록 훨씬 낮은 높이에서 가지치기를 해요.

세계에서 생산되는 차의 3분의 1 이상이 중국에서 자라요.

가장 맛이 좋은 차는 고도 1500m 정도의 고산지대에서 나와요. 그곳에서는 식물이 천천히 자라면서 향기가 더 풍부한 차가 만들어져요.

차마다 특정한 찻잎만 수확해요. 예를 들어 티피아쌈 홍차는 여름에 따는 두물차로 만들어요.

두물차는 그해에 수확할 수 있는 최고의 찻잎이에요. 잎끝이 황금색으로 물들면서 찻물은 밝아지고 맛과 향은 더 진해지기 때문이지요.

차의 효능

차에는 많은 효능이 있어요. 그중에서도 어떤 차는 심장의 기능을 돕고 면역계를 튼튼하게 하고 암을 물리치기도 해요. 또 한 잔의 차는 집에 찾아온 손님을 맞이하는 가장 좋은 방법이에요. 그래서 세상 사람들은 차를 건강과 환대의 상징으로 생각하지요.

차나뭇과를 소개합니다

차나무는 차나뭇과의 동백나무속에 속해요. 동백나무속의 다른 식물은 아름다운 꽃으로 더 잘 알려졌어요.

동백나무
Camellia japonica

동백나무
재배종만 3만 가지가 넘어요. 사람들에게 인기 있는 식물이에요. 한국, 일본, 중국에서 자생하고 설날 무렵에 꽃이 피어요.

애기동백나무 '레인보우'
Camellia sasanqua 'Rainbow'

애기동백나무 '레인보우'
정원의 다른 꽃이 시들기 시작하는 가을에 꽃이 피어요.

차나무를 길러 봐요 →

- 겨울에도 아주 춥지 않은 곳에 살면 차나무를 밖에 심어도 돼요. 보통은 실내에서 더 잘 자랄 거예요.

- 가을이나 봄에 씨나 묘목을 심어요. 약간 그늘이 있는 양지바른 곳에 심고 여름에는 꼭 물을 충분히 줘야 해요.

- 몇 해가 지나면 꽤 크게 자랄 거예요. 하지만 주기적으로 가지를 다듬으면 나무의 키가 더 자라지 않고 또 찻잎을 딸 수 있는 어린싹도 많이 만들 거예요.

동백나무 '보노미아나'
Camellia japonica 'Bonomian'

동백나무 '보노미아나'
늦은 겨울에 꽃이 피는 아름다운 품종이에요.

아름다운 분홍색 꽃

동백나무속 식물의 꽃은 대부분 흰색, 진한 분홍색, 빨간색, 또는 그 중간 색깔이에요. 블라우스 같은 큰 꽃잎은 향기까지 아름다워서 꽃꽂이 꽃으로 인기가 많아요.

차 한 잔 끓이는 데 대략 10~30개의 찻잎이 들어가요.

찻잎을 어떻게 말리고 가공하느냐에 따라 다양한 향과 색깔의 차가 만들어져요. 그중 몇 가지를 소개할게요.

역사 속 차나무 이야기

세계에서 가장 질 좋은 찻잎은 히말라야산맥 중턱, 고도 600~2000m에 있는 인도 다르질링 지방에서 재배돼요.

차에는 카페인이 들어 있어서 마시면 정신이 맑아져요.

최초의 차나무는 3천 년 전 중국에서 재배됐어요. 그때부터 손님을 대접하는 음료로 사용됐지요.

차는 17세기에 처음 중국에서 유럽으로 들여왔는데, 곧바로 엄청난 인기를 얻었어요.

흑차 · 녹차 · 우롱차 · 황차 · 백차 · 홍차

단풍나무

인내와 힘의 식물

나무에는 생명을
채워 주는 힘이 있어요.
숨 쉴 산소와
햇빛을 피할 그늘과
배를 채울 음식을 주지요.

강한 나무로 자라기까지는 오랜 시간이 걸려요.
커다란 단풍나무는 2백 살도 넘지요.

설탕단풍
Acer saccharum

설탕단풍은 북반구를 상징하는 나무 중 하나예요.
독특한 잎 생김새와 맛있는 수액으로 유명해요. 기다리는 자에게 복이 있다지요.
설탕단풍 나무에서 수액을 받으려면 30~40년을 기다려야 해요.

설탕단풍은 키가 크고 튼튼하게 자라요. 높이가 30m나 되죠.

설탕단풍이 자라는 숲속의 가을에 잎의 색깔이 변하는 멋진 풍경을 우주에서도 볼 수 있어요.

가지

나무줄기

헬리콥터

단풍나무 열매는 나무에서 떨어질 때 뱅글뱅글 돌기 때문에 헬리콥터라는 별명이 붙었어요.

씨앗

단풍잎은 손바닥을 닮아서 '장상형 잎'이라고 해요. 잎맥은 가지를 치며 여러 갈래로 갈라지지요.

시럽

설탕단풍이라는 이름은 나무줄기에서 채취한 수액으로 메이플 시럽을 만들기 때문에 붙여졌어요. 시럽은 색깔에 따라 등급이 달라요. 색이 진할수록 맛이 더 강하답니다.

잎

줄기

단풍나무는 잎이 마주나는 식물이에요.
잎이 언제나 줄기를 사이에 두고 마주 보지요.

무환자나뭇과를 소개합니다

무환자나뭇과에는 여러분이 잘 아는
식물들이 있어요. 리치 열매를 먹어 본 적 있나요?
열매를 실에 꿰어 놀아 본 적은요?
둘 다 무환자나뭇과에 속한답니다.

단풍나무
Acer palmatum

단풍나무
이 우아한 나무는
아름답고 진한 붉은색의 잎이 있어
많은 사람에게 사랑받아요.

리치
Litchi chinensis

리치
상록성의 큰 나무에서
짙은 분홍색의 거친 껍질로 둘러싸인
달콤한 열매가 자라요.

무환자나무
이 나무의 열매는
천연 세척력 때문에
'비누 열매'라고도 불러요.

무환자나무
Sapindus mukorossi

비누나무

무환자나뭇과에는 사람에게
독이 되는 화학물질이
들어 있는 식물이 많아요.
그런데 물속에서 거품을 내면
천연 비누가 되지요.
그래서 비누나무라는
별명으로 불린답니다.

마로니에(가시칠엽수)
Aesculus hippocastanum

마로니에(가시칠엽수)
봄에 촛대처럼 수직으로
우뚝 솟은 꽃이 피어요.
가을이면 '콩커'라는
견과가 매달리지요.

작은 단풍나무 숲을 꾸며 봐요 →

단풍나무는 쉽게 씨를
심어 기를 수 있어요.
하지만 인내심을 가지고
자연의 섭리에 따라야 해요.
아마 생각한 것보다
시간이 더 오래 걸릴 거예요.

역사 속 단풍나무 이야기

북아메리카 토착민들이 토종 단풍나무의 여러 가지 쓸모를 발견했어요. 수액을 모아 메이플 시럽을 만드는 것도 그중 하나예요.

중국 당나라 때는 자연을 미니어처로 나타낸 분경을 신성한 예술로 여겼어요.

이후에 일본에서는 분경을 변형한 분재가 발달했어요. 분재에는 흔히 단풍나무가 사용됐어요.

18세기 때부터 단풍잎은 캐나다의 상징이었어요. 1965년에는 국가의 힘과 인내력을 나타내려고 국기에 단풍잎을 그렸지요.

- 가을에 단풍이 들면서 씨가 잘 익으면, 여러 개의 씨를 흙과 함께 얕은 화분에 심어요. 흙을 살살 덮어 주고 조심스럽게 물을 줘요.

- 겨울이 오면 약 3개월 동안 화분을 밖에 둬야 해요. 아주 중요한 과정이랍니다.

- 봄에 어린싹이 나오면 벌레가 꼬이지 않게 잘 보살펴 줘요.

- 여름이 오고 작은 단풍나무 숲이 자랄 때면 잊지 않고 주기적으로 물을 줘야 해요.

잘 참고 기다리면 아름다운 나무가 될 거예요. 그때가 되면 나무를 하나씩 따로 심어 넉넉한 공간을 줘요. 하지만 몇 년 동안은 한 화분에서 키워도 돼요.

대나무

쓸모와 필요의 식물

대나무처럼 쓸모가 많은 식물도 없답니다. 대나무는 식량을 주고 연료가 될 뿐 아니라 대나무를 이용해 종이, 옷, 도구, 심지어 집도 짓고 만들 수 있으니까요.

대나무로 만들지 못하는 것이 없답니다!

대나무
Bambusa vulgaris

'풀' 하면 잔디밭이 먼저 떠오르지만 사실 풀은 아주 다양한 모습을 띠고 있어요. 인간에게 아주 쓸모가 많은 식물인 대나무도 사실은 나무가 아니라 풀이에요.

대나무를 먹는 곰

대왕판다는 대나무를 먹고 살아요. 하루에 대나무를 12~38kg이나 먹지요.

죽순은 껍질을 벗긴 다음 익혀서 먹을 수 있어요.

대나무는 젓가락이나 접시를 만드는 데 쓰여요. 그렇다면 대나무로 대나무를 먹는 셈이네요.

대나무는 지구에서 가장 빨리 자라는 식물 중 하나예요. 어떤 종은 한 시간에 무려 4cm씩 자라거든요.

대나무 건물

대나무는 아주 훌륭한 건축 재료예요. 길고 곧고 속이 비어 가볍지만 아주 단단하고 유연성이 뛰어나요. 방수도 되지요.

볏과를 소개합니다

볏과에는 아주 다양한 식물이 있어요. 땅이 있는 곳이면 어디서든 자라지요. 심지어 남극에도 풀이 자라니까요! 볏과 식물은 인간에게 가장 중요한 식물이에요. 쌀을 비롯한 각종 곡물과 옥수수, 설탕 등 식량을 주기 때문이에요.

밀
Triticum aestivum

밀
밀의 낟알을 갈아서 만든 밀가루로 빵을 만들어요.

유전자 변형

전 세계 사람들이 곡류를 먹고 살아요. 그래서 곡류의 생산성이나 병 저항성을 높이기 위해 유전자 변형 생물(GMO)에 대한 연구가 많이 이루어지고 있어요.

벼
Oryza sativa

사탕수수
디저트나 사탕에 들어간 설탕이 바로 이 풀에서 나와요. 키가 크고 따뜻한 기후에서 자라지요.

사탕수수밭에서 줄기를 잘라 껍질을 벗기고 씹으면 달콤한 즙을 맛볼 수 있어요.

사탕수수
Saccharum officinarum

벼
사실 쌀은 풀씨나 다름없어요. 이 씨가 다른 어떤 식물보다도 세계의 많은 사람을 먹이죠.

역사 속 벗과 식물 이야기

쌀, 밀, 귀리, 옥수수, 현미와 같은 통곡물은 말려서 보관할 수 있어서 저장, 운반하기가 쉬워요.

고대 그리스인과 이집트인들은 곡물을 배로 운반해 큰 시장에서 팔았어요. 아메리카 토착민도 옥수수 같은 곡물을 사고팔았을 거예요.

중세 유럽에서 잔디밭은 부의 상징이었어요. 넓은 땅에 작물을 심지 않고 놀리는 셈이니까요. 이런 전통은 여전히 서양의 정원에 남아 있어요.

사탕수수에서 설탕 결정을 모으는 기술은 5세기에 인도에서 시작했다고 알려졌어요.

유럽 식민주의자들이 카리브 제도에 사탕수수를 도입했어요. 그리고 노예를 시켜 엄청나게 많은 설탕을 생산했어요.

팝콘을 만들어 먹고 싶다면 →

팝콘은 우리가 평소에 먹는 품종과는 다른 옥수수로 만들어요. 팝콘용 옥수수를 길러서 직접 팝콘을 만들어 볼까요? 단, 팝콘 옥수수를 일반 옥수수 옆에 심어서 서로 교배하게 되면 튀겨지지 않는 옥수수가 나오니까 조심해야 해요.

- 늦은 봄, 땅이 따뜻해지고 바깥 온도가 섭씨 10°C쯤 될 때, 땅에 10~15cm 간격을 두고 2~3cm 깊이로 옥수수씨를 심어요.

- 각각 40~60cm 너비의 4열로 심는 게 좋아요. 그렇게 하면 수분이 잘 돼 알갱이가 꽉 찬 옥수수가 자랄 거예요.

- 물을 잘 주고 3~4개월 후에 옥수수가 열리고 겉껍질이 마르기 시작하면 (씨를 뿌리고 약 100~120일 후) 옥수수를 수확해요.

- 수확한 옥수수를 실내에서 몇 주 동안 잘 말려요. 잘 말라서 딱딱해진 옥수수 알갱이를 튀기면 된답니다!

호박

지켜 주고 벗이 되는 식물

핼러윈 하면
호박이 떠올라요.
호박으로 만든 등불이
핼러윈 밤에 나타나는
악령으로부터 사람들을
지켜 준다는
옛이야기가 있지요.

호박은 함께 자라는 식물에게
1년 내내 훌륭한 벗이 되어 준답니다.

호박
Cucurbita moschata

호박은 '섞어 심기'의 대표적인 식물이에요. 다른 식물과 함께 심으면 모두 더 잘 자라거든요. 농부는 밭에 식물을 심을 때 작물이 서로 돕고 자라고 땅의 생산성을 높이기 위해 몇 가지 식물을 함께 섞어 심는답니다.

애호박이 늙으면 늙은호박이 되나요?

호박은 동양계, 서양계, 페포계 호박으로 구분돼요. 애호박과 늙은호박이 모두 동양계 호박이지요. 애호박은 '덜 여문 어린 호박'이라는 뜻이지만 늙은호박과는 다른 종이에요. 애호박이 늙는다고 해서 늙은호박이 되는 건 아니랍니다.

암꽃
덩굴손
씨방
줄기
수꽃
잎
열매
씨

호박에서 가장 많이 먹는 부분은 과육이에요.

호박과 호박의 친척은 대체로 덩굴로 자라요.

호박도 엄밀히 말하면 과일이에요. 과육질의 속은 씨로 가득 차 있고 겉은 껍질로 덮여 있어요.

추수감사절이 되면 사람들은 호박파이를 먹으며 하나가 돼요.

호박은 씨앗과 잎, 꽃을 모두 먹을 수 있어요.

세 자매 농법

호박은 북아메리카 부족 연합인 하우데노사우니에 의해 알려진 '세 자매'의 하나예요. 나머지 둘은 콩과 옥수수이지요. 토착민들은 이 세 작물을 함께 기르면 더 잘 자란다는 걸 알게 됐어요. 옥수수는 콩의 지지대가 되고, 콩은 땅에 질소를 채워 넣어 옥수수와 호박에게 영양을 주지요. 땅에 깔린 호박의 넓은 잎은 습기를 유지하고 해충과 잡초를 쫓아 준답니다.

박과를 소개합니다

호박은 박과 식물이에요. 박과에는 수박, 멜론, 오이, 호박처럼 여러분도 잘 알고 있는 과일과 채소가 많아요. 박과 식물은 인간이 처음으로 재배한 식물의 하나랍니다.

Citrullus lanatus
수박

수박
아프리카가 원산인 과일이에요. 90%가 물로 이루어졌지요. 그래서 수박이라는 이름이 지어졌어요.

수박과 멜론
수박, 멜론, 캔털루프가 모두 박과 식물이에요.

오이
오이는 다다기오이, 취청오이, 가시오이, 이렇게 세 종류로 나뉘어요.

오이
Cucumis sativus

Lagenaria siceraria
박

박
가운데가 잘록한 열매 모양 때문에 '호리병박'이라고 불리는 박도 있어요.

호박을 키워 봐요 →

세상에서 가장 큰 호박에 도전하는 것이든, 핼러윈 호박 등불을 만들려는 것이든, 맛있는 호박파이를 먹고 싶어서든, 호박을 키우는 방법은 거의 똑같아요.

- 봄에 흙이 따뜻해지면 곧바로 땅에 호박씨를 심어요. 서리가 내리면 싹이 죽으니 너무 서두르지 말아요. 대신 실내에서 몇 주 일찍 심어도 돼요.

- 호박에 따라 다르지만, 덩굴이 자랄 공간을 넉넉히 줘야 해요.

역사 속 호박 이야기

호박은 7500년 전, 멕시코 고지대에서 처음으로 재배됐어요.

호박은 아메리카 대륙 전역에서 토착민이 귀하게 여기는 식량이 됐어요. 오래 저장할 수 있으니까요.

늙은호박을 파내어 만든 호박 등불은 원래 아일랜드 이민자들이 어두운 밤에 길에서 악령을 내쫓기 위해 만들었어요.

처음에는 순무를 조각해서 등불을 만들었지만 지금은 늙은호박이 쓰이지요.

청교도들이 신대륙에 도착해서 왐파노아그족을 통해 처음 호박을 먹기 시작했을 때는 지금과는 다른 방식으로 호박을 요리했어요. 오늘날과 비슷한 호박파이 요리법은 한참 뒤인 1796년에 처음 기록됐어요.

- 식물이 너무 가까이 붙어 자라면 병충해의 위험이 있거든요. 그러면 호박이 잘 자라지 못하겠지요.

- 텃밭이 없으면 화분에 키울 수도 있어요. 식물 하나당 45L짜리 화분이 필요하고, 크기가 작은 품종을 고르는 게 좋아요.

- 모든 호박은 햇빛이 쨍쨍하고 바람이 잘 통하는 곳을 좋아해요. 여름철이면 규칙적으로 물을 주고 영양이 많이 필요한 식물이라 주기적으로 비료를 줘요.

- 100일이 지나면 첫 호박을 수확하게 될 거예요.

난초

예술과 재주의 식물

난초과 식물에는
세상에서 가장 희한하고
색다른 꽃이 피어요.

사람의 눈에 어떤 꽃은 아름답고
또, 어떤 꽃은 아름답지 않아요.
그런데 자연에서는
모두 아주 중요한 일을 맡아서
한답니다.

꿀벌난초
Ophrys apifera

어떤 난초는 이미 수백만 년 전에 다른 생물을 속이는 놀라운 기술을 갖추게 됐어요. 곤충이 제 짝과 똑같이 닮은 모습에 속아 꽃과 짝짓기를 하려다가 꽃가루를 옮기고 가지요.

수많은 씨앗

난초의 꼬투리열매 하나에 수백만 개의 씨앗이 들어 있어요. 야생에서 이 씨앗은 싹을 틔우기 좋은 장소를 잘 찾아가야 해요. 난초는 대부분 특별한 곰팡이가 있어야 자랄 수 있거든요.

꿀벌난초의 꽃잎은 눈에 띄는 분홍색이에요.

난초과 식물은 가장 오래된 꽃식물의 하나예요. 백악기 후기 때부터 살았죠.

브라질, 싱가포르, 벨리즈 등 여러 국가가 난초를 나라의 꽃으로 정했어요.

씨에서 싹이 트고 꽃을 피우는 데 8년이나 걸리는 난초도 있어요.

흉내 내기의 달인

난초는 흉내를 아주 잘 내요. 꿀벌난초는 암벌과 똑같이 닮은 꽃으로 수벌을 속여 꽃을 수분하게 하지요.

꼬투리 · 꽃 · 줄기 · 잎 · 덩이줄기 · 꽃술대 · 꽃잎 · 입술꽃잎 · 벌 · 꽃받침

난초과 식물을 소개합니다

난초과는 국화과와 함께 꽃식물 중에서 가장 큰 과예요. 약 2만 6000종이 알려졌어요. 많은 난초과 식물이 덥고 습한 환경을 좋아하지만 시원한 기후에서 자라는 종도 있어요.

노랑복주머니란
주머니처럼 생긴 입술꽃잎 때문에 복주머니라는 이름이 붙었어요.

노랑복주머니란
Cypripedium calceolus

바닐라
Vanilla planifolia

바닐라
이 난초의 숙성시킨 열매 꼬투리를 '바닐라빈'이라고 해요. 천연 바닐라향의 원료이지요.

대칭

난초의 꽃은 '좌우 대칭' 형태예요. 꽃의 가운데에 선을 그으면 양쪽이 서로의 거울 이미지가 되지요.

해오라비난초
이 난초의 꽃은 마치 날아오르는 새처럼 생겼어요.

해오라비난초
Habenaria radiata

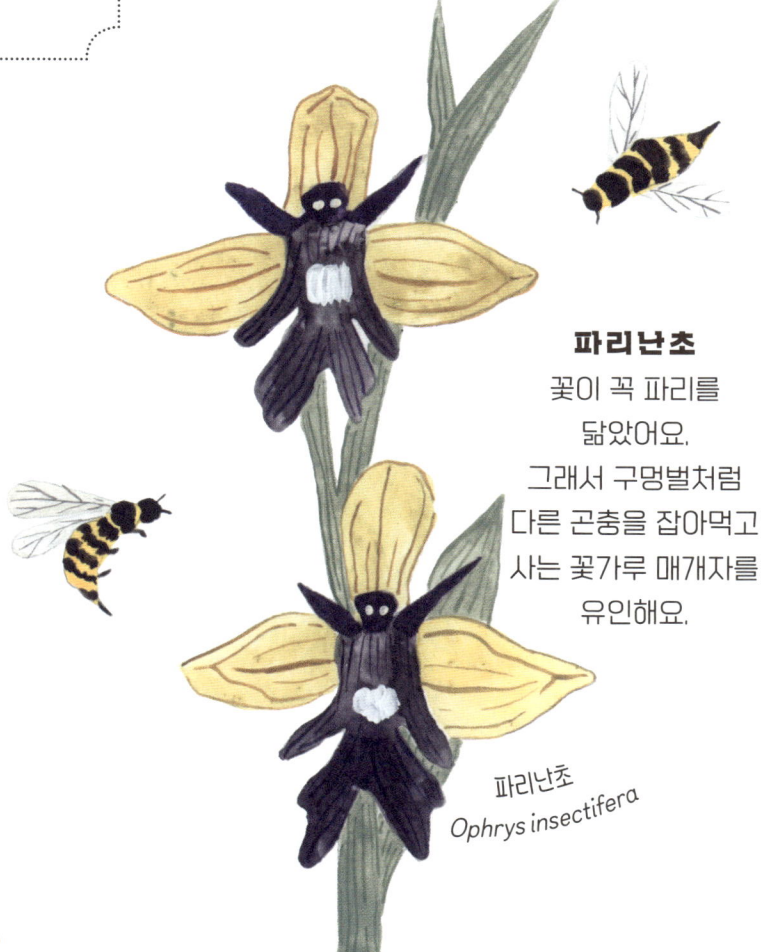

파리난초
꽃이 꼭 파리를 닮았어요. 그래서 구멍벌처럼 다른 곤충을 잡아먹고 사는 꽃가루 매개자를 유인해요.

파리난초
Ophrys insectifera

역사 속 난초 이야기

4500~5500만 년 전에 만들어진 호박 화석에서 난초 꽃가루가 묻은 고대 곤충이 발견됐어요.

우아하고 향기로운 춘란은 고대 중국에서 그림과 시에 자주 등장했어요.

빅토리아 시대에 난초는 사회적 지위를 나타내는 상징이었어요. 부자들이 고용한 난초 사냥꾼이 위험한 오지로 가서 귀한 난초와 식물을 수집해 왔어요.

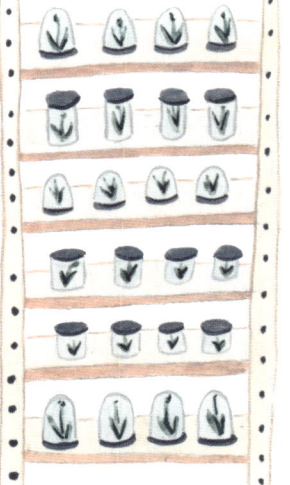

사람들이 너도나도 뽑아간 바람에 멸종한 야생종이 많아요.

현대의 기술 덕분에 수집가들에게 공급할 난초가 더 빨리 자라게 됐어요.

난초를 길러 봐요 →

가장 인기 있고 기르기도 쉬운 난초는 나도풍란속 난초예요. 1750년 인도네시아 자바에서 어느 박물학자가 이 꽃을 나방으로 착각하는 바람에 영어로는 '나방 난초'라고 불러요.

- 씨에서 직접 난초를 기르는 건 아주 어려워요. 식물을 사는 게 실용적이에요.

- 여러분이 고른 품종이 원래 어디에서 왔고 어떤 환경에서 살았는지 알아보고 가장 비슷한 환경을 마련해 줘요. 난초마다 보살피는 방법이 다르답니다.

- 나도풍란속 난초는 동남아시아 자생이고 적응력이 가장 좋은 난초 중의 하나예요. 적당한 빛과 온도가 있으면 잘 자라지요.

- 야생에서 나도풍란은 착생 식물(토양에 뿌리를 내리는 대신 나무줄기나 가지에 붙어사는 공기 식물)이라서 나무껍질이나 이끼에서 키워야 해요.

- 자연에서는 나무가 숲의 하늘을 덮고 피난처가 되어 줘서 많은 물이 필요하지 않아요. 하지만 집에서는 일주일에 한 번(겨울에는 2주에 한 번씩) 물을 주고 밝은 곳에 둬요. 그리고 꽃을 즐기면 된답니다.

낱말 풀이

한해살이 식물 - 한 해에 생활사를 마무리하고 죽는 식물이에요.

항생물질 - 세균을 죽이는 물질이에요.

건조 지역 - 비가 거의 또는 아예 오지 않는 지역을 말해요.

눈 - 아직 열리지 않은 상태로 압축된 식물의 부위를 말해요. 잎, 꽃, 새싹이 돼요.

비늘줄기 - 땅속줄기의 일종으로 덩어리 형태의 비늘잎에 영양을 저장해요.

배양토 - 식물을 기르기 위해 거름을 섞어서 만든 흙이에요.

재배종(품종) - 특정 성질을 갖도록 개량된 식물이에요.

착생 식물 - 땅이 아닌 다른 식물 위에서 자라는 식물이에요.

과육 - 식물의 먹을 수 있는 부위예요.

과일 - 씨앗이 들어 있고 먹을 수 있는 부위예요.

균계 - 포자를 만드는 생물의 집단이에요.

발아 - 씨나 포자에서 싹이 나는 걸 말해요.

유전자 변형 생물(GMO) - 유전 공학 기술로 유전자를 조작해 변형한 생물이에요.

내한성 - 추위를 잘 견디는 성질을 말해요.

허브 - 맛이나 향을 내는 데 사용하는 식물이에요.

잡종 - 종이 서로 다른 부모가 교배하여 만들어진 자손을 말해요.

돌연변이 - 생물의 유전자에 자연스럽게 일어나는 변화를 말해요.

여러해살이 식물 - 겨울에는 뿌리만 살고 땅 위에 있는 부분은 죽었다가 봄이 되면 다시 싹이 돋는 식물이에요.

수분(꽃가루받이) - 식물이 수정되도록 꽃가루를 옮기는 일을 말해요.

수액 - 식물 안에 흐르는 액체예요.

꽃받침 - 꽃의 바깥을 둘러싸는 부분이에요. 아직 피지 않은 꽃을 보호하고 꽃이 피면 꽃잎을 지탱해요.

향신료 - 음식의 맛을 내기 위해 사용하는 향이 강한 식물의 물질이에요.

독성물질 - 몸에 해롭거나 독이 든 물질이에요.

식물의 분류

식물을 비롯한 모든 생물은 큰 집단에서 시작해 작고 구체적인 집단으로 분류돼요. 도서관에서 책을 분류하는 것과 비슷해요. 먼저 어른의 책과 어린이의 책으로 나누고, 그걸 각각 지식 그림책이나 문학 그림책 등으로 다시 나누지요. 지식 그림책은 다시 우주, 동물, 역사에 관한 책 등으로 더 쪼개어져요. 토마토의 예를 들어 식물의 종이 어떻게 분류되는지 알려 줄게요.

계	→	문	→	강	→	목	→	과	→	속	→	종
식물계 (PLANTAE)		피자식물문 (MAGNOLIOPHYTA)		목련강 (MAGNOLIOPSIDA)		가지목 (SOLANALES)		가짓과 (SOLANACEAE)		가지속 (SOLANUM)		토마토 (SOLANUM LYCOPERSICUM)

종은 품종이나 변종으로 더 나뉠 수 있어요. 방울토마토와 비프스테이크 토마토는 품종은 다르지만 모두 한 종의 식물이에요.

찾아보기

9~10쪽
페퍼민트 *Mentha* x *piperita*
살비아 *Salvia officinalis*
바질 *Ocimum basilicum*
세이지 *Salvia officinalis*
라벤더 *Lavandula angustifolia*
로즈메리 *Salvia rosmarinus*

13~14쪽
상추 *Lactuca sativa*
아티초크 *Cynara scolymus*
서양민들레 *Taraxacum offcinale*
국화속 *Chrysanthemum*
해바라기 *Helianthus annuus*
데이지 *Bellis perennis*

17~18쪽
양송이 *Agaricus bisporus*
검은서양송로버섯 *Tuber melanosporum*
광대버섯 *Amanita muscaria*
황국균(노란누룩곰팡이) *Aspergillus oryzae*
페니실리움속 *Penicillium*

21~22쪽
수선화 *Narcissus*
설강화 *Galanthus nivalis*
양파 *Allium cepa*
차이브 *Allium schoenoprasum*
마늘 *Allium sativum*
아마릴리스속 *Hippeastrum*

25~26쪽
파인애플 *Ananas comosus*
틸란드시아 *Tillandsia stricta*
스페인이끼(수염틸란드시아)
　　　Tillandsia usneoides
네오레겔리아 *Neoregelia chlorosticta*

29~30쪽
토마토 *Solanum lycopersicum*
고추 *Capsicum annuum*
피리피리(작고 매운 고추)
　　　Capsicum frutescens 'Piri-piri'
가지 *Solanum melongena*
감자 *Solanum tuberosum*
벨라돈나풀 *Atropa belladonna*

33~34쪽
사과나무 *Malus pumila*
딸기 *Fragaria* x *ananassa*
인가목 *Rosa acicularis*
세로티나벚나무 *Prunus serotina*

37~38쪽
케일 *Brassica oleracea* var. *viridis*
콜라비 *Brassica oleracea* var. *gongylodes*
콜리플라워 *Brassica oleracea* var. *botrytis*
카이란 *Brassica oleracea* var. *alboglabra*
로마네스코 브로콜리
　　　Brassica oleracea var. *botrytis* 'Romanesco'

41~42쪽
당근 *Daucus carota* subsp. *sativa*
산당근 *Daucus carota*
셀러리 *Apium graveolens*
파슬리 *Petroselinum crispum*
나노독미나리 *Conium maculatum*
파스닙 *Pastinaca sativa*

45~46쪽
알로에 베라 *Aloe vera*
셈페르비붐 *Sempervivum calcareum*
변경주선인장 *Carnegiea gigantea*
테킬라용설란 *Agave tequiana*
보검선인장 *Opuntia ficus-indica*

염자 '골룸' *Crassula ovata* 'Gollum'

49~50쪽
차나무 *Camellia sinensis*
애기동백나무 *Camellia sasanqua* 'Rainbow'
동백나무 *Camellia japonica*
동백나무 '보노미아나'
　　　Camellia japonica 'Bonomian'

53~54쪽
설탕단풍 *Acer saccharum*
단풍나무 *Acer palmatum*
리치 *Litchi chinensis*
무환자나무 *Sapindus mukorossi*
마로니에(가시칠엽수)
　　　Aesculus hippocastanum

57~58쪽
대나무 *Bambusa vulgaris*
밀 *Triticum aestivum*
사탕수수 *Saccharum officinarum*
벼 *Oryza sativa*

61~62쪽
호박 *Cucurbita moschata*
수박 *Citrullus lanatus*
오이 *Cucumis sativus*
박 *Lagenaria siceraria*

65~66쪽
꿀벌난초 *Ophrys apifera*
노랑복주머니란 *Cypripedium calceolus*
바닐라 *Vanilla planifolia*
해오라비난초 *Habenaria radiata*
파리난초 *Ophrys insectifera*